LAW

修訂二十四版

法學緒論

Introduction of Legal Science

鄭玉波　著
黃宗樂、楊宏暉　修訂

三民書局

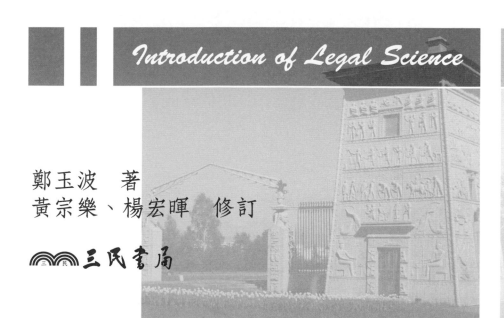

修訂二十四版序

本書承蒙各界支持與愛護，自民國八十八年七月修訂第十五版重新排版印行，共發行九刷，而修訂第十六版印行，發行二刷，修訂第十七版印行，發行一刷，修訂第十八版印行，發行一刷，修訂第十九版印行，發行一刷。其間，本書為保持常新，法律一有變動，亦隨即修訂，以提供正確訊息。

第十六版修訂，適逢中華民國憲法增修條文及部分重要法律於九十四年上半年大幅修正（如刑法），或制定公布（如行政罰法），對我國憲政體制、刑事及行政法制影響頗大。考量本書此次修正幅度不小，爰予重新排版。又，原版經發現有疏漏或未盡其宜之處，亦一併訂補之，而使本書更臻於完善。

第十七版、第十八版、第十九版及第二十版，乃因應民法總則編、物權編、親屬編、繼承編、商業登記法、公司法、海商法、保險法、民事訴訟法、刑法、刑事訴訟法及涉外民事法律適用法等之修正，而就相關部分一一加以修訂。

第二十一版，主要是增補行政訴訟法及家事事件法。

第二十二版，係隨著公務員懲戒法及刑法之修正而為修訂。

第二十三版，主要是法院組織法廢除判例制度，新修訂憲法訴訟法，又司法院釋字第七四八號解釋施行法公布施行，爰就相關部分加以修訂、增補。

最新第二十四版，主要是司法院組織法、商業事件審理法、民法、刑法、民事訴訟法、刑事訴訟法、行政訴訟法等之修正與施行，爰修訂相關部分，以符時節。

本書著者、先師鄭玉波先生仙逝，倏忽三十載，宗樂有幸擔任先生遺著之修訂，誠光榮之至。惟宗樂學殖未深，修訂本書，雖戰戰兢兢，但疏漏仍所難免，倘蒙海內宏達，不吝指正，則無任感荷。

此次修訂，仍承三民書局協助，又承國立中正大學法律學系教授楊宏暉博士鼎力幫忙，併此致謝。

黃宗樂、楊宏暉　敬序

中華民國一一〇年七月一日

修訂十五版序

法學緒論一科，到底應該包括如何內容？坊間著述著力各有不同，本書將之定位為「對於法律之概念、內容及其一般之原理原則，以至於法律思想等，加以初步之介紹者」，堪稱最為適切允當，加之本書敘述扼要，理路清晰，文從字順，故自民國四十五年十月初版發行以來，一直膾炙人口，洛陽紙貴，實非偶然。

本書為保持常新，法律一有變動，本書亦隨即修訂，迄今修訂不知凡幾，庶可以歷久彌新之典籍稱之。而此次（一九九九年）修訂，並全部予以重新排版，全書印刷因之煥然一新。

本書著者、先師鄭玉波先生仙逝，倏忽八載。鄭先生，日本京都帝國大學畢業，歷任政治大學、臺灣大學教授、中國文化大學法學院長、司法院大法官，精研法學，著作等身，望重士林，乃被公認的法學大師。先師楊日然先生於「民商法理論之研究・鄭玉波先生七秩華誕祝賀論文集」壽序中稱道（「」乃宗樂所加）：

立德、立功、立言，世謂之三不朽。先生獻身法學教育，曾任教於省立法商學院、聯勤財務學校、國立政治大學，現任國立臺灣大學教授、司法官訓練所講座、空中行專電視主講教授、私立〔中國〕文化大學法學院院長，經師人師，垂數十年，教澤廣被，作育英才無數，此立德也。先生曾任司法院第四屆大法官，現任民法〔研究〕修正委員會委員，司憲釋憲，訂法修法，對我國法治建設，有卓越貢獻，此立功也。　先生仁智兼備，著述等身，至目前已付梓者，有〔法學緒論〕、〔民法概要〕、民法總則、民法債編總論、民法債編各論、〔民法物權、公司法〕、票據法、〔海商法、保險法〕、法諺、民商法問題研究等近三十種，達千萬言，文筆流暢，淺顯易懂，內容嚴謹，足以久傳，此立言也。是世所謂三不朽者，　先生均兼備矣，其德業將垂諸久遠，實可斷言。

誠令人敬仰贊歎！

先生生前，宗樂有幸忝列門牆，仰霑化雨；　先生故後，有幸參與　先生遺著之修訂，溫故而知新，實乃人生之一大福緣也。

師恩山高，永誌不忘。

中華民國八十八年八月十日

黃宗樂　敬序

修訂八版序

本書初版以來，我國社會進步，法律多有修改，就實體法言，如公司法、票據法、保險法、海商法；就程序法言，如民事訴訟法，刑事訴訟法，均有修正，或竟一修再修。去年新公布中央法規標準法後，原有之法律施行日期條例及法律廢止條例二者，即因之而廢止，而原有之交易所法亦為證券交易法所代。凡此均影響本書之內容，雖本書歷次各版，隨上述法律之修正，而小有修訂，但仍嫌不足，因藉此八版之機會，作一通盤的修訂，而重行排版。

惟筆者淺學，本書雖屢次修訂，但仍難免有所疏漏，倘蒙斯學先進，不吝賜教，至為感幸！

鄭玉波

序於臺大法學院研究室

中華民國六十年二月

法學緒論

目次

第八章　法律之制裁……九一

第一章　法律之概念

第一節　法律之語源

「法學緒論」者何？以法律為研究對象之學科，謂之法學；發端之論述，謂之緒論。申言之，對於法律之概念、內容及其一般之原理原則，以至於法律思想等，加以初步之介紹者，即「法學緒論」是也；其研究對象既為法律，則吾人對於法律二字，自應先有認識。

「法」字古書為「灋」，說文：「灋，刑也，平之如水，廌所以觸不直者去之，從廌從去」。說文「廌」字下又云：「廌，解廌獸也，似牛一角，古者決訟，令觸不直者」。據此可知法字實含有公平正直之觀念。又辭源法字註：「有定式可以遵循則效者曰法」。可知法字又含有常規之意。

「律」字據說文：「律，均布也」；段注：「律者所以範天下之不一，而歸於一，故曰均布」。可見律字意義，在乎整齊劃一。又爾雅．釋詁：「法常也，律常也法也」，則法律二字，原可互訓，意義相同，不過古時多目人類行為之準則為法，而以詰姦禁暴之條款為律，如吾國歷代法律多稱律而不稱法，但演至近代，律之範圍漸小，一切法律概稱法而不稱律（稱律者唯戰時軍律一種，現已廢止），於是法律二字僅有之小區別亦泯滅矣。

第二節　法律之定義

法律二字之語源既明，茲再就現代法學上關於法律之定義，加以闡述如下：

「法律者，以保障群眾安寧，維持社會秩序為目的，而通過國家權力以強制實行之一種社會生活規範也」。

本此定義，可顯示出左列三端：

㈠法律者社會生活之規範也　規範與自然法則不同，規範乃支配人類思想、行為、感情之法則，例如：論理學為思想之規範；倫理學為行為之規範；美學為感情之規範是。而自然法則乃是自然界所具有之法則，如天文學上之法則，物理學上之法則是。前者可以支配人類活動，使實現一定之目的，所謂當然的法則；後者乃支配無理性之自然界，而不為人類意志所左右，所謂必然的法則是也。因之一曰規範，便不具有「太陽東出而西沒」之必然性，亦不具有「種瓜得瓜，種豆得豆」之因果律，而僅能指示人類何者當為，何者不當為而已。惟規範亦可分二種：一為純正價值的規範，如審美規範、論理規範等；一為經驗實踐的規範，亦即社會生活規範是。蓋人類不能離群而索居，勢必共營團體生活，亦即社會生活，於是個人與個人間，個人與團體間，遂發生種種錯綜複雜之關係，此種關係，倘無常軌以範圍之，不免釀成衝突，紊亂不已，於人類之生活，大有影響，以此遂有社會生活規範之產生，社會生活規範種類甚多（參看下章），法律即其一也。

㈡法律者通過國家權力以強制實行之規範也　社會規範雖有多種，但大別之則有任意與強制之分。道德、宗教等規範屬於前者，純由個人定其依違，縱有違反，亦祇能受個人良心或一般輿論之譴責，別無何種力量可以強制其必行；法律則不然，其規定之事項，如當為而不為，或不當為而為時，則均能強制之，使當為者必為，不當為者必不為而後已。此種強制力何自來？來自國家，國家憑藉其權力，強制執行法律，使法律之前，人人平等，受其拘束；法律之內，人人自由，受其保障。故曰：法律者通過國家權力以強制實行之規範也。

㈢法律者以保障群眾安寧，維持社會秩序為目的之規範也　人類社會生活，其關係錯綜複雜，既如前述，而利己自私之心，又人所難免，倘有人焉，任意擴張一己之利益，而罔顧他人之損害，則必發生衝突，因而鬥爭混亂，不堪言狀，而群眾之安寧，社會之秩序，必被破壞無遺，尚何有生活之可言。故群眾之安寧，不能無保障；社會之秩序，不能不維持，而善盡斯責者，非法律莫屬，故曰：法律者以保障群眾安寧，維持社會秩序為目的之規範也。

關於法律之定義，言人人殊，莫衷一是，以上所述，係較為普遍而平允者。至於學者間有謂強制性並非法律之要素者，亦有謂法律與國家並無必然之關係者，見仁見智，各不相同，限於篇幅，姑不論列。

第二章　法律與其他社會現象

第一節　法律與道德

道德亦為社會生活規範之一，其目的亦在乎維持社會秩序，而指示人類何者當為，何者不當為。然其與法律之關係，究竟如何？學者間議論紛紜，懸案不決。有謂道德即是法律，法律即是道德，並無區別者；有謂道德與法律純屬截然兩事，不可同日而語者；又有謂道德與法律容有若干方面之差異，但本質上究屬相同，因而二者實具有密切關係者。後說較為折衷，吾人見解亦應如是，茲就二者之異同及其關係說明如下：

㈠法律與道德之異點

⑴作用不同：法律之作用，在乎拘束人類外部行為，而道德之作用，乃在支配人類內在之心機。因此凡不表現於外部，而僅係內在之心理作用，雖其居心不良，法律輒不能過問；而道德則嘗誅及人之內心，凡人一生邪念，則道德之制裁隨之。語云：「孝字論心不論事，論事萬年無孝子；淫字論事不論心，論心千古無完人」。差堪借為道德制裁與法律制裁有所不同之說明。同時道德既屬誅心，則能弭患於未然之前，可謂之治本；法律既係論事，則僅能制裁於已然之後，應謂之治標。或曰：法律亦何嘗不過問內心，例如我國刑法第五十七條規定於科刑時應審酌犯罪之動機，以定其輕重。然此不過遇有行動表現於

外時，在法律評價上，一併檢討而已，初不能將此內心動機，單獨作為法律問題而處理也。

(2)觀念不同：道德祇講義務，而不講權利；法律則權利與義務輒相伴而生。詳言之，在道德，縱令某一行為，可與人以利益，亦祇有義務人之存在，而無所謂權利人，例如：孝親、報恩、救災、卹憐等無一而非道德之表現，但受之者既無請求權，而施之者亦無權要求代價。在法律則不然，義務與權利常相對待，例如：買賣，一法律行為也，買受人支付價金可以要求出賣人交付標的物；出賣人交付標的物亦有權請求買受人支付價金，權利義務對待不爽。又如贈與亦一法律行為也，贈與人雖不能向對方取得代價，但既允贈於人，則受贈人自有請求其履行之權利，而贈與人亦有交付贈與物之義務，權利義務仍屬相伴，故一言法律則權利義務之觀念頓起，而道德則否。

(3)產生不同：法律是由國家制定、公布、施行；而道德之產生，則無此程序，僅由於人類社會意識確信無形中而產生，並無任何機關，在主持制定。

(4)制裁不同：違反法律或道德，雖同受制裁，但以制裁主體之不同，致制裁力之強弱亦異。法律制裁之主體為國家，其制裁力非常切實而有效；道德制裁之主體為個人之良心或社會之清議，其制裁力自然薄弱而渺茫。或曰：孔子之作春秋也，一字之褒榮於華袞；一字之貶嚴於斧鉞，道德之制裁力何嘗不強？然此施諸特殊人物或有效，加諸一般人未見有何影響。

(二)法律與道德之同點

(1)目的相同：法律之目的是在保障群眾安寧，及維持社會秩序，前已言之。道德之鵠的固不免懸之過高，但其結論，亦不外謀人類之向善，社會之和諧而已，與法律之目的祇有程度之參差，尚無本質之差異，亦可謂為殊途而同歸。

(2)內容相同：法律嘗以道德之內容為內容，例如：殺人為道德所不容，同時亦為法律所禁止；誠實信用為道德所期許，同時亦為法律所要求（民法第一四八條第二項：行使權利，履行義務，應依誠實及信用方法）。可見二者在內容上亦無差異。

(三)法律與道德之關係

法律與道德異而復同，則其關係當然密切。其關係若何？一言以蔽之曰：相輔相成而已。蓋道德秩序賴法律而確保；法律之效力有道德始可濟其窮。良以人心惟危，人情亦險，倘無道德防範於惡念初動之時，而無形中消滅其犯罪，則法律將不勝其制裁矣；反之窮凶極醜之輩，狡黠奸猾者流，倘無法律予以嚴厲之制裁，勢必毫無忌憚，恣意妄為，社會秩序將不堪設想矣，道德云乎哉！可見道德為先鋒，法律為後盾，二者相輔相成。

第二節　法律與宗教

宗教亦為社會規範之一，其與法律之區別約如左述：

(1)產生不同：宗教多假神意而產生，法律則由於國家而制定。

(2)作用不同：宗教主迷信，以因果報應，籠絡人類良心，使之向善；法律主強制，以國家權力，支配人類行為，使不敢為惡，其作用較宗教為現實。

(3)範圍不同：宗教力量僅能及於教徒，非教徒固無服從其教條之義務，故宗教之範圍小；法律則普及於全國，凡屬國民均須受其國法之支配，故其範圍大。且宗教之信仰與否，個人有其自由；但法律則無論誰何，均須服從。

以上各點，係就法律與宗教之不同處而言，若論其目的，固皆在維持社會之秩序。宗教之所戒，亦嘗為法律之所禁者有之；宗教之所勸，亦嘗為法律之所命者有之。前者如宗教戒人污衊神靈，法律則禁人褻瀆祀典（刑法第十八章）；後者如宗教勸人孝親（摩西十誡之第五誡，現在天主教列為第四誡），法律則規定人子有孝敬父母之義務（民法第一〇八四條第一項），然則二者仍保有關聯也。

第三節　法律與禮儀

欲知法與禮之關係，須先知何謂禮。禮乃我國歷史文化傳統特有之一種社會規範，在西方各國幾無跡象可尋，希臘哲人柏拉圖(Plato)之人性論，重視國民道德生活及教化力量，雖稍放禮治之色彩，但其後此類思想，竟屬罕見。因而西方社會形成之要素，不外宗教信仰，法律政治與經濟生產三種。宗教保障個人尊嚴，法律保障個人安全，經濟保障個人福利。中國社會則不如此，雖亦有宗教，但宗教並非形成中國社會之要素，以佛教而言，中國在其傳入之前，與已傳入之後，社會上並無多大變化，同時中國歷史上從無宗教戰爭，可見宗教於中國社會不發生多大影響。其次，法律亦非中國社會形成之要素，因為窮鄉僻壤之人民，根本不知法律；而知識份子又多鄙視法律，可見法律在中國社會上亦無多大影響。至於經濟尤非形成中國社會之要素，因為中國根本無所謂依經濟而分之奴隸社會、封建社會、資本主義社會，以及什麼共產主義社會。中國社會形成之唯一要素即上述之「禮」是也。

禮初起於商朝之祭儀，至周而燦然大備，後經儒家之提倡，遂愈放異彩，竟成為支配中國社會之唯一重要規範，舉凡國政之紀綱，乃至天時、人事，無不納入禮之範疇。禮記：「夫禮所以定親疏，法嫌疑，別同異，明是非也。……道德仁義，非禮不成；教訓正俗，非禮不備；分爭辨訟，非禮不決；君臣上下，父子兄弟，非禮不定；宦學事師，非禮不親；班朝治軍，涖官行法，非禮威嚴不行；禱祠祭祀，供給鬼神，非禮不誠不莊」。足徵禮也者，已通於人己，群我，天地萬物為一體，其內涵非常博大。但約而言之，乃是以人格尊嚴為本位，由敬字出發，敬人敬己，敬己必先敬人，因而君臣、父子、師友、賓主、昆弟、夫婦之間，均以敬字相處，行見一團和氣，自無摩擦對立之虞，所謂「禮之用，和為貴」即指此而言。

禮在中國社會上既發生前述之大功用，故法律遂退處於不重要之地位，充其量亦不過為禮之輔而已。孔子云：「禮樂不興，則刑罰不中」；韓愈原道：「為之禮以次其先後……為之刑以鋤其強梗」，皆為禮法關係孰先孰後之最好說明。時至今日，中國已應世界潮流而進入法治，致數千年來中國特有之社會規範——禮，幾有被抹殺之勢，殊堪注意。然所幸者吾國現所採取之立法原則，係遵奉　國父之三民主義，三民主義除包容新時代之精神外，仍集我固有文化精華之大成。據此為原則之立法，當然已將禮之精神，潛移默化於其中。例如：父為子隱，子為父隱，禮也，而現行法律即有親屬間拒絕證言之規定（刑事訴訟法第一八〇條）；男女授受不親，禮也，而現行法律即有搜索婦女身體應命婦女行之之規定（刑事訴訟法第一二三條），可見禮已多變為法之內容矣。

第四節　法律與政治

何謂政治？其說不一：有謂政治者，國家權力之活動也。依此說離開國家即無政治，將國家與政治混為一談，未見其當。有謂政治者，支配階級壓迫被支配階級之武器也。此乃唯物史觀者之邪說，殊不足採。良以一國之中，形式上雖有治者與被治者之分，然絕非兩階級對立。蓋因民權運用之結果，人人皆為治者，同時亦為被治者，二者變動不居，實無階級之可言。故關於政治之解釋，均不若　國父之說為允當。　國父說：「政就是眾人的事，治就是管理，管理眾人的事，就是政治。」此一解釋，明白而中肯，吾人自不必標奇立異，徒事旁求。

政治與法律之關係，約有二說：①政治領導法律。所據之理由為：法律之成立，多先由行政機關制定草案，提經立法機關通過，再由行政機關公布施行，此各國之通例也。而政黨政治盛行之今日，主持行政者固為競選獲勝之政黨，即立法機關內，對法案之通過具有最大影響力者，亦莫不為與行政機關同一競選而獲勝之政黨；政黨自以其政綱政策為一切準繩，施政以之，立法亦以之，孰謂法律不為政治所領導？況法律既為社會生活規範，當然由於社會需要而產生，亦當然隨社會生活之變遷而變遷；競選獲勝之政黨，必其政綱政策為當時社會所需要，因而當選。可見社會所需要之事，須先於政治上表現，然後始能據以制定法律，故政治之領導法律，乃勢有必至，應勿庸疑。②法律領導政治。其所據之理由為：於今法治之聲，風靡一世，法治者依法而治也。不惟依法審判，尤須依法行政，否則如無法律根據，施政者不得擅行限制人民之權利，或漫課以義務，然則政治受法律之控制，情形豈不顯然？

二說雖各言之成理，但吾人以為法律與政治並非主從關係，談不上何者領導，何者被領導之問題。二者乃如鳥之雙翼，車之兩輪，互有影響，並行不悖，政治不清明，法律固等於具文；法律不確立，政治亦難免脫軌，可見二者實非車頭與車廂之關係也。

以上係就法律與政治本質之關係而言，若由形式上觀察，則亦有左列之區別：

(1)形態不同：法律有有形之法典，形態較為固定；政治則為無形之作用，形態常變動不居。

(2)產生方法不同：法律之制定須經立法程序，其修正廢止亦莫不依法定程序為之；政治之設施或變更則無一定嚴格之程序。

(3)產生機關不同：法律由立法機關制定；政治由行政機關推行。現我國最高立法機關為立法院；而政治之總樞紐，則為最高行政機關之行政院。

第五節　法律與經濟

人類社會生活，應分兩種，一為精神生活，一為物質生活，所謂經濟即物質生活也。其與法律之關係若何？說者亦有如政治之於法律，不曰法律依附於經濟；即曰經濟全為法律所支配。但吾人之見解卻認為二者之關係，為聯立的，而非本末的，茲申述之：

謂法律依附於經濟者，以經濟為本，法律為末，乃唯物史觀者之理論，彼輩認為法律係上層建築，經濟為下層建築，亦即經濟為法律之基礎，法律非理性產物，乃是經濟條件之背影，法律家幻想以為自己依先天法則而為裁判，其實此法則不過為經濟之反射而已。此種說法實過分渲染經濟作用，而混淆視聽，圖以經濟吞沒一切，以物質生活囊括人類社會生活之全部，而抹殺精神生活，影響所及，滅絕人性，自毀人類前途，識者當深惡痛絕。中國古時法家者流雖亦有「衣食足而後知榮辱，倉廩實然後知禮義」之論調，然而儒家亦正有「一簞食，一豆羹，得之則生，弗得則死；嘑爾而與之，行路之人弗受；蹴爾而與之，乞人不屑也」之卓識，是足以證明經濟之權威，並非無上，而法律完全依附於經濟之說，亦非真理。

謂經濟全為法律所支配者，以法律為社會生活規範，其機能在乎定分止爭。緣人與人之糾紛，幾全由經濟行為所引起，故法律有關支配經濟之規定特多，如民法總則之社團，及債編、物權編、以至於民事特別法之公司、票據、海商、保險諸法，無一而非有關經濟之立法；甚且親屬法雖旨在規定身分關係，似與經濟無涉，但其中之夫妻財產制，扶養義務等仍與經濟息息相關。加以兩次世界大戰，影響於國民經濟生活者至鉅，各國為適合戰時非常目的之需要，曾制定甚多有關統制經濟之法規，於是經濟法大有於法律系統中獨樹一幟之勢，因此謂法律支配經濟，誰曰不宜？豈知此說亦屬偏見，蓋經濟生活不為法律所支配之處尚多，例如嫁女粧奩，飯館小賬，均不在法律規定之內，但行之若素，仍不失其為經濟行為也。

由此觀之，經濟與法律實無本末關係，然而卻不能無聯立關係，何耶？經濟生活既為社會生活之一部，而法律規範又為社會生活規範之一種，則經濟自嘗藉法律以規範其秩序，但不全為法律所規範，而法律亦嘗以經濟而充實其內容，但其內容亦不全為經濟所獨佔。換言之，二者除去關聯之部分外，尚各保有獨立部分，故為聯立關係，而非本末關係，不過現代經濟生活，日趨複雜，藉法律技術以釐訂其制度之處漸多，例如公司制度，保險制度等，於是法律與經濟之關聯部分日增，亦即互不相涉之部分相對日減，其關係當然愈臻緊密。

第六節　法律與實力

我國素有「勝者王侯敗者賊」之諺語，日本亦有「勝テバ官軍、負レバ賊軍」之同樣說法，而英國則有「實力就是權利」(might is right)之法諺，似乎實力高於一切。又唯物論者更明目張膽以法律為強者壓迫弱者之工具，混實力與法律為一談。其實上述說法均屬偏見，法律不惟不等於實力，而實力反因法律在，始不得逞其淫威。法家管子云：「古者未有君臣上下之別，未有夫婦妃匹之合，獸處群居，以力相爭，於是智者詐愚，強者凌弱，老幼孤獨，不得其所。故智者假群力以禁強虐而暴人止，為民興利除害，正民之德，而民師之」(君臣篇)；又古文大家柳宗元亦曰：「惟人之初，總總而生，林林而群，雪霜風雨雷雹暴其外，於是乃知築巢空穴，挽草木，取皮革；饑渴牝牡之欲毆其內，於是乃噬禽獸，咀果穀，合偶而居，交焉而爭，睽焉而鬥，力大者搏，齒利者齧，爪剛者決，群眾者軋，兵良者殺，披披藉藉，草野塗血，然後強有力者出而治之，往往為曹於險阻，用號令起，而君臣什伍之法立。」(貞符篇)細繹兩氏之說，則可知實力所支配之社會，純係弱肉強食，黑暗悲慘，冷酷已極。然此種現象究與人類本性不合，蓋人類天性可分兩面，一面即上述之智者詐愚，強者凌弱之獸性；另一面尚有人性(狹義的)，即孟子所說之惻隱，羞惡，辭讓，是非諸美德是，人性不斷抵制獸性，使獸性消而人性長，於是人生之理想始現。法律之發現，亦屬人類邁往理想境域中所獲得之一條康莊大道。一有法律則「智者詐愚，強者淩弱」之實力狀態便為之斂跡；而「披披藉藉，草野塗血」之悲慘世界亦轉為化日光天，可見法律與實力兩相敵對。此種敵對情形不僅往昔如此，且因時代愈進步，人類愈自覺，而法律亦愈顯示其抑強扶弱之功能，例如契約自由原則，表面上已極盡平等之能事，但詳析人類之智力及財力之強弱，則可知若絕對貫徹此一原則，勢必造成甚多不平等，不正義之結果，事實亦的確如此，蓋此一原則嘗為智力財力之強者所利用以欺壓弱者故也。法律鑒乎此，乃對此原則進而加以限制，即以自己之一部力量，加諸弱者一方面，使之均衡，如團體協約法等勞動法令，即其明證。

法律雖然排斥實力，但不可不利用實力，何以故？因法律之目的，不徒宣告社會何者當為，何者不當為而已，尚須以強制力使其所宣告者具體實現，不致落空；倘有人違反，則必立予扭轉，毫無寬假。例如：法律有保護所有權之規定，設有人妨害之，則權利所有人自可訴請法院予以除去，甚且有妨害之虞者，即得請求防止之（民法第七六七條）是也。不寧惟是，法律有時唯恐其強制力於時間上緩不濟急，乃竟仍許私人以自力救濟者（民法第一五一條），亦不足怪異，是皆法律利用實力之適例。然則法律既排斥實力於前，復利用實力於後，何其自相矛盾耶？曰不然，法律所排斥之實力，暴力也；法律所利用之實力，權力也，若由物理上觀之，固均為實力，無所軒輊；然由其使用之目的上觀之，則大相逕庭，匪可等量也。

第三章 法律之淵源

法律之淵源，簡稱「法源」，其意義約有四種：有指為法律權力之根據者；有指為法律存在之形式者；有指為法律演進之源流者；有指為法律組成之資料者。最後者為通說，本章即此加以闡述。

法源有直接發生法律效力者，如憲法、法令、自治法規、條約等，謂之直接法源，亦稱成文法法源；有須經過國家之承認，始發生效力者，如習慣、法理、判例、學說等，謂之間接法源，亦稱不文法法源，茲分節述之。

第一節　直接法源

㈠憲法　國父說：「憲法者，國家之構成法，亦即人民權利之保障書也。」此定義最為平實而允當。蓋憲法內所規定者不外為國家構成之主要因素，政府各部門之組織職權及其相互關係，以及人民之基本權利與義務等項。我憲法更將基本國策規定於其中，較為特色。憲法之效力高於普通法律，而其條文中嘗有「……以法律定之」等字樣，故憲法實為首要之法源。

㈡法令　法律與命令併稱為法令，各為法源之一。法律有廣狹二義，狹義之法律則專指由立法機關經過立法程序所制定之法律而言，亦即構成直接法源者是也（中央法規標準法第二條規定：「法律得定名為法、律、條例或通則。」）。其詳散見各章，於此不贅，率僅就命令一項，說明如下。

命令者通過國家權力而強制實行之一種公的意思表示也。個人相互間雖亦有意思表示，但個人與個人間係平等關係，無命令之可言。必須上級機關或上級人員，於公的立場所為之意思表示始可稱為命令。此種公的意思表示，雖不以行政機關為限，但究以行政機關為多，且不惟對於所屬人員或機關可以發布命令，對於人民亦得發布，此其一。公的意思表示，非必全以命令方式出之，例如各機關間洽商某事，或對人民宣布某事，亦不失為公的意思表示，但所以與命令不同，端在強制實行與否。換言之，一曰命令則強制性隨之，此其二。命令既帶強制性，則遇有窒礙難行時，勢必通過國家權力以強制其實行，否則僅憑私人腕力以強制之者非茲所謂命令也，此其三。基於上述三點，命令之意義，不難明瞭。

以上係就實質上觀察，若由形式上觀察，則凡帶有「令」，以及「規程、規則、細則、辦法、綱要、標準或準則」等字樣者（中央法規標準法第三條：「各機關發布之命令，得依其性質，稱規程、規則、細則、辦法、綱要、標準或準則。」），一望即可知其為命令也。至於命令與法律之區別，約有：

(1)效力不同：命令除國家元首根據憲法所頒布之緊急命令，得變更或牴觸法律外，其餘無論任何機關之任何命令，均不得變更或牴觸法律，倘有牴觸則命令無效，故命令之效力不若法律之強。

(2)制定程序不同：命令由各機關制定或公布，無一定程序，法律之制定須經立法程序。

(3)規定範圍不同：命令與法律常有一定之範圍，命令所規定之事項，不得侵入法律範圍之內，如中央法規標準法第六條有：「應以法律規定之事項，不得以命令定之」之規定，可為明證。至於何者應以法律定之？同法第五條各款所列即：一、憲法或法律有明文規定，應以法律定之者；二、關於人民之權利、義務者；三、關於國家各機關之組織者；及四、其他重要事項之應以法律定之者是也。

命令雖與法律不同，但仍有密切關係。第一、立法機關所制定之法律，須經國家元首以命令公布，始能生效，此法律之公布有賴於命令者；第二、法律之施行，嘗有另以命令訂定施行細則之情事，此法律之施行有賴於命令者；加以時至二十世紀之後期，社會政治經濟之發展若白雲蒼狗，變化多端，此種現象，倘仍專賴立法機關之立法，實不足以應付，於是委任立法遂如雨後春筍，應運而生，以致命令之範圍有日益拓寬之勢，可知命令亦為重要之法源。

㈢自治法規　自治團體依其自治立法權而制定之法規，謂之自治法規。此之所謂自治團體當以地方自治團體為限，亦有認為應包括其他自治團體，如職業團體等，從而其內部之規章，亦可謂為自治法規者；然究屬少數人之意見，茲不採取。我憲法上所列之自治法規有：①省自治法，由省民代表大會制定；②省法規，由省議會立法；③縣自治法，由縣民代表大會制定；④縣規章，由縣議會立法等四種，四者均不得牴觸憲法自不待言，省法規與縣法規且不得牴觸法律，但省自治法與縣自治法得牴觸法律與否，迄猶解釋分歧，似無定論。修憲後，依民國八十八年一月二十五日公布施行之地方制度法規定，直轄市、縣（市）、鄉（鎮、市）得就其自治事項或依法律及上級法規之授權，制定自治法規。自治法規有：①自治條例：經地方立法機關通過，並由各該行政機關公布者，有直轄市法規、縣（市）規章、鄉（鎮、市）規約；②自治規則：中地方行政機關訂定，並發布或下達者，申言之，直轄市政府、縣（市）政府、鄉（鎮、市）公所就其自治事項，依其法定職權或基於法律、自治條例之授權，所訂定者。依其性質，為規程、規則、細則、辦法、綱要、標準或準則；③委辦規則：直轄市政府、縣（市）政府、鄉（鎮、市）公所為辦理上級機關委辦事項，依其法定職權或基於法律、中央法規之授權而訂定者。自治條例與憲法、法律或基於法律授權之法規或上級自治團體自治條例牴觸者，無效；自治規則與憲法、法律、基於法律授權之法規、上級自治團體自治條例或該自治團體自治條例牴觸者，無效；委辦規則與憲法、法律、中央法令牴觸者，無效。自治法規因地方自治之積極推行，而日益加增，其有特殊重要性，或有永久性者，國家自亦得參酌採擇，作為立法之資料，故自治法規亦為法律之淵源。

㈣條約　條約者國家與國家間所締結之契約也。關於條約之國內效力如何，議論不一，有謂條約既係國家與國家間之契約，則祇能拘束其當事之國家，而不能直接拘束其國民者；有謂條約雖一面為國際間之契約，但同時亦為國家之意思決定，其公布即為對於國民發生拘束之表示，因此當然有拘束國民之效力者，應以後說為當。如此則條約與法律有同等之效力，惟條約倘與法律相牴觸時則如何？一般理論，認為如條約批准在法律之後，自應適用「後法優於前法」之原則，而以條約為有效；若條約批准在法律之先，即應將法律有牴觸之點予以修正。換言之，原則上以條約之效力為優也。至於是否於批准之後即生國內法之效力，抑須另經其他程序始生效力，各國採取之方式，可分左列兩種：

(1)憲法中明文規定條約批准後即生國內法之效力者，如義、法等國是。

(2)對於締結之條約須另行制定法律公布始生國內法之效力者，如英國是。

第二節　間接法源

㈠**習慣**　人類有模仿本能，一人之所為，他人輒踵而效之，由是遞傳多人，則此一行為遂普遍為某地區或某階層所仿行，而成為一般行為之準繩矣，此就空間而言也。若今日如是，明日如是，日日如是，年年如是，則一行為已永遠為眾人所遵循，而成為因襲罔替之規則矣，此就時間而言也。綜此時間空間積累而成之某地區某階層人所共守之規則，即習慣是也。不過此處所指之習慣與個人之習慣不同，個人之飲食起居以及嗜好等習慣，祇為其個人所慣行，於社會上無拘束力，換言之，即不具有社會性，非茲所謂習慣也。

習慣既為群眾所慣行，則對於群眾自有拘束力，有人說：「人為習慣之奴隸」，又有人說：「活人往往為死人所支配」，足見習慣對人類支配力量之大。因此習慣亦為社會生活規範之一，其與法律道德不同者，在於習慣富於事實性，缺乏理想要素，而道德則純重理想，法律則徘徊於事實與理想之間，此三者之大較也。

習慣與習慣法有無區別？說者亦不一致，有主張有區別者，認為習慣是事實，習慣法是法律；前者為社會所通行，後者為國家所承認，習慣乃法律之間接淵源，而習慣法則已具法律之本質。有主張二者並無區別者，認為習慣法即是習慣。我國民法雖稱習慣（民法第一條）而不稱習慣法，但此所謂習慣，乃專指有法之效力者而言，與所謂習慣法之意義無殊，並非泛指任何單純習慣也。

習慣（我民法所指者以下仝此）如何始有法之效力，其要件有四：

(1)須有外部要素：即該習慣事實確屬存在與慣行。換言之，即於一定期間內就同一事項，反復而為同一之行為是。

(2)須有內部要素：即人人確信其為法律，甘願受其拘束而無爭議者是。

(3)須為法律所未規定之事項：我民法第一條「民事，法律所未規定者，依習慣……」可見法律無規定之事項，始可適用習慣，否則法律一有規定，便無適用習慣之餘地。民法第四百五十條第二項：「未定期限者，各當事人得隨時終止契約，但有利於承租人之習慣者，從其習慣」。乍視之似屬例外，其實此乃法律賦與習慣以優先效力，並非習慣本身具此效力。故仍與原則無背。

(4)須有法律之價值：即無背於公共秩序或善良風俗是（民法第二條：民事所適用之習慣，以不背於公共秩序或善良風俗者為限），倘屬一種陋規或惡習，而非美俗醇化，則與法律維持社會秩序之目的不符，即無法律之價值，法律方矯正之不暇，焉能承認其有法律之效力？

習慣之效力如何，輒因時因地而不同：例如羅馬於共和時代，以法律係基於人民之總意結果，故尊重習慣，認為習慣之效力高於法律。洎乎帝政時代以法律為君主之命令，其效力自較習慣為優，習慣遂退居法律之次。近世自然法思想勃興，尊重成文法，而抑壓習慣，尤其十八世紀迄十九世紀初，編纂法典之風盛行，幾乎否認習慣之效力；但歷史法學派崛起後，以習慣可以表現民族之法律確信，乃極端尊重習慣，而對於法典之編纂予以強烈之反對，於是習慣之效力，又轉弱為強。若就各國立法例言之，則情形不一。有不認習慣有法之效力者，如普國國法第三條：「未列入法典之習慣無法律效力」是；有認為習慣與法律有同等之效力者，德國歷史法學派倡行此說，其民法中曾採入條文，後雖刪除，然通說仍如是解釋；有認為習慣相對的有法之效力者，如瑞士民法第一條第二項：「本法未規定者，審判官依習慣」，及日本法例第二條「習慣僅限於為法令之規定所認，及關於法令無規定之事項為有效。」現大陸法系大都如此，我民法亦同，即認為習慣祇有協助補充成文法之效力。

㈡法理　法理二字之解釋，尚不一致，有謂法理即是條理，日本法律及我國歷次民法草案皆稱條理，現行民法雖改為法理，但其意義仍屬一而二，二而一者；有謂法理即法律之原理（客觀的），條理乃自然之道理（主觀的），兩者雖大同小異，但尚非毫無區別者。後說較當，蓋適用法理仍須有客觀價值，僅憑審判官個人主觀之判斷，而不參照歷來辦案之成例及法律一般原理原則，實未見其允當。

法理何以有法律效力？其效力若何？蓋以法律之規定縱極綿密，然社會情狀，變化無窮，勢非法規所能網羅無遺，而法官又不能以法律之不備為理由，而拒絕裁判，故遇法律無規定之事項，而又乏習慣可資依據時，自不得不援用法理以濟其窮，此所以我民法第一條有：「民事，法律所未規定者，依習慣，無習慣者依法理」之規定，則法理亦有補充法律之效力，於茲可見。不過法理須後於習慣而適用自不待言。

法理如何適用？其方法有：

⑴現行法之類推適用：即遇有法律無規定及無習慣可資依據之事件，應依其類似事件之法律解決之。

(2)外國法律及判例不與我國社會情形相反者，可採用之。

(3)舊法及法律草案之不與現行法律精神相牴觸者，亦可採用之。

(三)判例與大法庭裁定　法院對於訴訟案件，若遇有相同或類似之案件，法官在法律條文之外，常會搜尋過去是否有相同或類似之案例事實及判決，並參考而為相同或類似之判決，過去，實務上亦設有「判例」制度，即最高法院裁判之法律見解，如有編為判例之必要者，經民事庭或刑事庭總會決議之後，報請司法院備查後，即可形成判例，判例既經反覆援引，人民對之自生法律規範之信念，同時法官亦受其拘束，而可成為「法源」之一。在英美法系國家，因採取不文法主義，故判決先例於事實上及法律上均有拘束力，此種判例亦稱為判例法。但是，我國係屬大陸法系而非英美法系，判例通常不具有法律上拘束力，不過，過去最高法院的判例，在實務運作之下，對於其他各級法院有很強的拘束力，謂我國最高法院之判例具有法律上拘束力亦不為過，然而，判例係將法律見解自個案抽離，獨立於個案事實之外，而成為抽象的判例要旨，使其具有通案之規範效力，雖能達統一法律見解之目的，但畢竟與權力分立原則，有所扞格，故自一百零八年七月四日起施行之法院組織法，將上開判例選編制度廢止，使其效力回歸個案裁判的本質，而不再具有通案效力。

不過，為了確保終審法院法律適用一致，使裁判具有安定性及可預測性，並發揮法律續造之促進功能，改由終審法院之「大法庭」制度取而代之，於一百零八年一月四日修正公布之法院組織法與行政法院組織法，分別於第五十一條之一增設「民事大法庭」與「刑事大法庭」，及第十五條之一增設「大法庭」，均以裁判法律爭議為限，針對「歧異提案」及「原則重要性提案」而為裁判，前者係指各審判庭受理案件評議後，就採為裁判基礎之法律見解與最高法院先前裁判不一致，經徵詢其他各庭意見後，確定仍有見解歧異之情形存在，即有啟動大法庭程序以統一見解之義務，故規定各審判庭應以裁定將該法律爭議提案予大法庭裁判；後者係指各審判庭受理案件評議後，認為採為裁判基礎之法律見解有原則重要性，亦即具促使法律續造之價值，或因屬新興、重大且普遍性之法律問題，有即時、預為統一見解之必要性者，得裁定將該法律爭議提案予大法庭裁判。大法庭之裁定係針對提案之法律爭議，具中間裁定性質，對提案庭提交之案件應有拘束力，故提案庭應以大法庭所採之法律見解，作為本案終局裁判的基礎（法院組織法第五一條之十、行政法院組織法第一五條之十），依此，大法庭做出的裁判見解，對承辦法庭會產生個案約束力，但不具通案之法規範效力，而與舊制的判例效力，理論上仍有雲泥之別，但不排除他案之審判庭就相同事實採納大法庭的見解，而有一定的拘束力，從而，倘日後受理他案之審判庭認為大法庭裁定所採見解不合時宜而擬變更，或想採取不同見解時，仍須循歧異提案程序提請大法庭裁判，才能變更（法院組織法第五一條之二、行政法院組織法第一五條之二），如此一來，雖然大法庭裁定僅對提案庭的提交案件具拘束力，但搭配法院組織法第五十一條之二之法定強制提案義務，仍可確保最高法院就同一法律問題，採取一致的裁判立場，而達到統一法律見解之目的。

判例援用之利弊，有可言者為：①補法律之不足，蓋成文法條文簡約，補苴罅漏，判例是賴。②促法律之縝密，蓋有一判決，遂有一成例，法律因之而細密，此其利也。至其弊端有：①法律之固執與強辨，判例既定，即須遵守，縱或不當，不易矯正，法律因之固執，有礙法官之自由裁量，況社會狀況，波譎雲幻，判例難免不合宜，然法官對於判例卻不敢公然違背。惟有強辨案情之異同，削足適履，以符合判例了事而已。②法律之繁瑣，判例隨時日而加增，久之判決錄卷帙浩繁，於檢查及援用上俱感煩難，以此雖特別重視判例之英美法系國家，近來亦轉移目標，而有傾向成文法主義之趨勢。

㈣學說　對某學科學者之私人主張謂之學說，如政治學說，經濟學說是，此處所指當然為法律學說。學說影響於制度及政策之力量甚大，如孟德斯鳩(Montesquieu, 1689–1755)之法意出，於是三權分立之政制即風行歐美；而凱因斯(J. M. Keynes)之一般理論出，則各資本主義國家之經濟政策亦為之丕變，政治經濟如此，法律亦如此，因有關法律真理之闡明，法律得失之檢討，唯學說是賴。以此學說遂嘗為法律之淵源，甚且古代羅馬戴育圖帝二世(Theodosius II)竟直接賦與五大法家之學說以法律效力，此種情形近世雖罕覯，然學說之為重要法源於此可見。

上述之五大法學者指巴比尼安(Papinianus)、烏爾比安(Ulpianus)、葛由斯(Gaius)、包路斯(Paulus)、孟德丁諾斯(Modestinus)而言。

第四章　法律之分類

第一節　基於法之成立過程之分類

以法之成立過程為標準，可分為成文法與不文法兩種。凡由於制度上有立法權之機關製成文書，並經通過一定手續公布之法律即謂之成文法，亦稱制定法。如我國現行之民法刑法及商事法等均屬此類，至於成文法以外之一切有法律之效力者如習慣、法理、判例等皆為不文法，因其非經立法機關依立法程序制定，亦未經一定手續公布，故亦稱非制定法。由此可知成文法與不文法之區別，不在乎有無文字記載（判例亦有文字記載，但仍為不文法），乃在乎其已否經過立法程序及公布程序，換言之，其區別係以其成立之過程為標準。成文法及不文法之細節，已於前章法律淵源內詳加敘過，茲不復贅。惟此處尚須一言者即成文法與不文法之孰優孰劣是已。

㈠成文法之優點　（即不文法之劣點）

⑴成文法較為明確，易於施行；而不文法既不經制定與公布之程序，即難明確，大有遵之者莫知其際之感，適用上自多不便。

⑵成文法能改革社會，領導社會，例如實施耕者有其田條例（已廢止），改革了土地制度是；而不文法則比較守舊，援例從事，類多魂縈舊夢，缺乏革新氣魄，不易推動社會進步。

(3)成文法比較周密完善；而不文法則詳略不均，易於掛漏，且毫無系統，零亂不堪。

(二)不文法之優點（即成文法之劣點）

(1)不文法以具體事實為背景，比較吻合社會實情；而成文法徒注重抽象條文，結果難免有隔靴搔癢，不切實際之虞。

(2)不文法因不須經過繁複之立法程序，有時較為易於適應現實；而成文法則因立法及修改程序之迂迴，有時反難以適應變化萬端之社會。

(3)不文法係基於一般之法律確信而產生，較為不偏不倚；而成文法因於今實行政黨政治之結果，往往因遷就各政黨之意見，而不能貫徹一公允之立法精神。

根據上述可知成文法與不文法互有短長，然近世交通發達，人事紛紜，因之各種法律關係益形複雜，非有明確之成文法法典，以資依據，則易滋疑竇，故各國多趨向成文法主義，而對不文法之尊重，已不如前矣。惟應注意者法律之成文與不文，於國家之法治非法治無干，蓋法典雖不完備，但其國家政府與人民均有守法之精神，如英國者，仍不失其為法治國家，否則雖其法令多如牛毛，而其政府與人民倘無守法精神，而視同具文者，尚難以法治國家目之。

第二節　基於法之內容之分類

㈠概說　以法之內容為標準之分類，首應分為國內法與國際法，其次再分國內法為直接法（事項規定）與間接法（衝突規定）兩種，其次再將直接法分為公法、私法及公私綜合法三種，最後另分直接法為實體法與程序法。茲先列表如下，然後逐一說明。

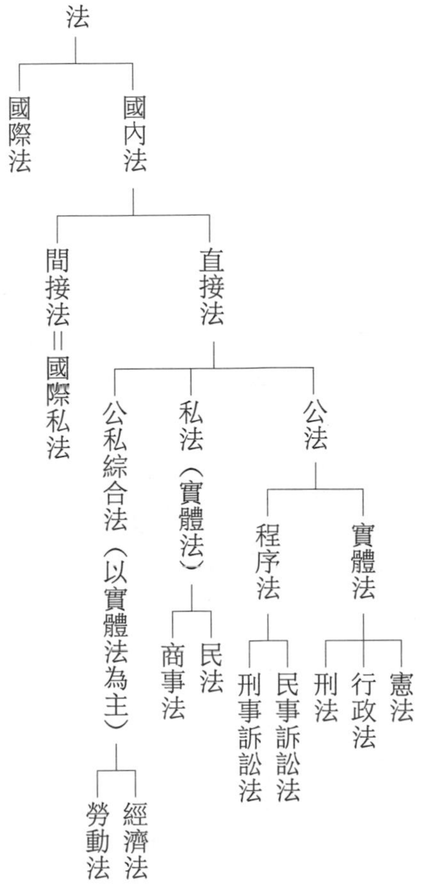

㈡國內法，國際法　由一個國家制定，並在其範圍內行使者為國內法，反之由於國際團體承認，其行使不以一國之範圍為限，凡屬於國際團體各國家間均一致行使者謂之國際法。關於國際法之立法機關及程序，與國內法不同，國際法係由各國家一般公認而發生，其強制力自較薄弱，其裁判機關及制裁方法亦不若國內法之完備，因而遂有人不承認國際法具有法律地位，但究屬偏見。蓋國際法之強制力雖弱，然總不能謂為全無強制力；其制裁機關及制裁方法雖不完備，然亦非全付闕如。例如昔日國際聯盟，及今之聯合國均設有國際法庭，以裁判國際糾紛。而對國際法之違反者可實施集體制裁，如聯合禁運，聯合譴責，甚且聯合出兵干涉，如韓戰者，均不失為有效之制裁方法，國際法未始無相當之強制力。加以人類思想日趨進步，於經濟上社會上均感有強化國際組織之必要，因之國際法之推行，幾有與國內法相埒之勢。無怪乎有些學者竟認為國家主權至高無上之觀念應予修正，亦即國家主權漸有後退之傾向。

其次應注意者，國際法與後述之國際私法不同，國際私法雖冠有國際二字，但其內容係以本國主權立場，對於涉外的法律關係究應適用何國法律，予以規定，故仍為國內法之一部。有時為避免二者之混淆起見，輒稱國際法為國際公法，以與國際私法相對待，庶不致誤會。

㈢直接法，間接法　直接法係對於一定社會生活之規範，直接加以規定者，如憲法、行政法、刑法、民法、商事法及各種程序法等均屬之。因其係對社會關係事項之規定，故亦稱事項規定，或實質法；反之間接法，對於社會關係事項並不直接規定，僅對於一定之直接法規定其如何適用，故謂之間接法。凡關於社會關係之一定事項如國內外法律有衝突時，則有待此間接法予以解決，故亦謂之衝突規定，或稱形式法。間接法之主要者為國際私法，其任務專在解決涉外民事之衝突。此外尚有國際民事訴訟法、國際破產法亦皆屬於間接法之部門。

關於國際私法與國際法之不同已見前述，惟國際私法究屬公法，抑係私法，或屬於第三種之特殊法領域，迄無定說。日本學者間常認為國際私法既為間接法，自非公法亦非私法。因為法之分為公法私法，當以直接法為限，本章從此見解。

㈣公法，私法，公私綜合法　法之分為公法與私法向係通說，惟區別之標準尚無定論。自羅馬以來最普遍之學說為利益說，亦稱目的說，即以保護公益為目的者為公法，以保護私益為目的者為私法。但公益私益之界限如何劃分，亦一不易解決之難題，況法律對於公益私益同時保護者尤佔多數，則區別更難矣。其次為主體說，此說乃以法律規定之主體為區別公私法之標準，凡規定國家或其他公法人之相互關係，以及國家或其他公法人與私人間之關係者為公法；僅規定私人間相互關係者為私法。不過國家或其他公法人與私人間基於雙方當事者平等立場，而締結買賣契約或運送契約者亦不乏例，此種情形，雖仍屬國家或其他公法人與私人間之法律關係，然卻不可認為公法關係。由此可見主體說，亦非盡當，故後來又有所謂「新主體說」的提出，以法規歸屬的主體作為區分標準，以解決上述主體形式認定之缺失。其次有以法律關係之內容為區別分公私法之標準者，但細分數說，其一，為權力關係說，規定不平等關係，亦即權力服從關係者，為公法，而規定平等關係，亦即權義關係者為私法。其二，統治關係說，即規定國家統治權發動關係者為公法，規定非統治權發動關係者為私法。其三，生活關係說，即認為人類之生活可分兩種，一為以國民一份子資格之國家生活，一為以社會一員資格之社會生活，因而凡規定國家生活關係之法律為公法，規定社會生活關係之法律為私法。三說似各執一辭，其實並非分道揚鑣，蓋均為法律關係說之各面觀也。倘綜合言之，即凡規定權力關係、國家關係、統治關係者為公法；而規定平等關係、社會關係、非統治關係者為私法，如此說明，自較圓通。此外有否認法律應有公私之區別者，如奧地利學者克爾生(Kelsen)及我國學者黃右昌是。前者之說略謂「國家與人民之關係，由法律上觀之，並非權力服從關係，亦係權義關係，其性質與個人相互之關係，並無何等差異，因此法律無區分為公法私法之必要」。後者之說略謂「建立中國本位新法系，自當確認三民主義為法學最高原理，民族、民權、民生即民有、民治、民享，所有法律均為民眾之法律，乃必強為分曰，何種法律為國家與人民之關係，謂之公法，何種法律為人民與人民之關係，謂之私法，豈不與三民主義相刺謬耶？不寧惟是，民事訴訟法為規定實行權利及履行義務之程序法，如以實體法之民法為私法，則程序法之民事訴訟法，自亦當為私法，乃德國學者謂為公法，法國學者謂為私法，足見界說之不明，蓋學說愈多，則剖析愈難，根本取消，反而透徹，此余所以力主推翻公法私法之區別，而以根本法附屬法代之」。二氏之說可供參考。

根據上述，可知法之分為公私，乃係傳統之分類，現因社會之演進，此種分類，已有不能立足之勢，因之由公法私法綜合構成之第三法域，即應運而生。緣法律思想已由個人本位，進入社會本位，例如所有權附有義務，契約自由原則之受有限制，及權利之不得濫用等，均足以證明私法之公法化。此種由公私法部分結合而形成之新法域，即公私綜合法系統是也。此一系統應包括經濟法及勞動法，前者如專利法，森林法，礦業法，水利法，漁業法及土地法是，尤其，八十年二月四日公布、翌年二月四日施行（後有修正）之公平交易法，以「維護交易秩序與消費者利益，確保自由與公平競爭，促進經濟之安定與繁榮」為目的，係經濟基本法，在經濟法中占有最重要之地位；後者如工會法，工廠法，團體協約法及勞資爭議處理法是，尤其，七十三年七月三十日公布施行（後有修正）之勞動基準法，旨在「規定勞動條件最低標準，保障勞工權益，加強勞雇關係，促進社會與經濟發展」，乃統一的勞動保護法。

此外有將公私綜合法除上述之經濟法、勞動法外，另分有企業法者，但我國有關企業法律，現尚不多，自可包括於經濟法之中，而無獨立劃分之必要。又有稱此類公私綜合法為社會法者，但其涵義嫌狹，茲所不取。

㈤實體法，程序法　實體法為規定法律關係之實體，即有關權利義務實體之法律，故亦稱主法；程序法為規定如何實現此法律關係，即有關權利義務運用手續之法，故亦稱助法或手續法。何謂權利義務之實體？其內容、其歸屬及其範圍是；何謂權利義務運用之手續？具體的、現實的實現此權利義務之謂也。刑法、民法、商事法等為實體法；刑事訴訟法、民事訴訟法、破產法等為程序法。實體法與程序法原則上雖依整個法典而區分，但此不過為謀立法及適用上之便宜而已，其實同一法典中包括實體法與程序法兩種性質者，亦所在多有。例如民法一典型之實體法也，而其中關於法人登記之規定，及拾得遺失物呈報手續等，亦均屬程序法，故實體法與程序法之區別為相對的，而非絕對的。至於實體法與程序法區別之實益有①法院不能以實體法無規定為由，而拒絕裁判，但於訴訟上程序法如有缺欠，法院卻不可獨出心裁，便宜行事。②實體法如有修正，其效力恒以不溯既往為原則，而程序法如有修正則對於舊法時代之法律關係亦多適用。

第三節　基於法之適用範圍之分類

㈠一般法，特別法　一般法（亦稱普通法）與特別法之區別，係以法律適用範圍之屬於一般的，抑屬於特殊的為其標準。申言之凡對於一般的人、地、事適用之者，謂之一般法，而對於特殊的人、地、事適用之者，謂之特別法。茲分別說明如下：

⑴以「人」為標準言之，則一般法者適用於一般人，例如民法、刑法是，特別法則限於一定身分或地位特殊之人始有其適用，例如公務員服務法及陸海空軍刑法是也。

⑵以「地」為標準言之，則一般法者適用於國家領土內各地區之法，例如民法及民商分立國家之商法均為全國施行是，而特別法乃於領土內限定一部地區適用之法，例如過去青海省之番例條款是也。

⑶以「事」為標準言之，則一般法乃適用於一般事項者，特別法乃適用於特殊事項者，例如民法適用於一般民事。而公司、票據等商事法則適用於特別民事。

一般法與特別法之區別，亦屬相對的。乙法律原為甲法律之特別法，但對於丙法律而言，則又為一般法矣。例如土地法原為民法之特別法，但同時亦為實施耕者有其田條例（已廢止）之一般法。又如陸海空軍刑法固為刑法之特別法，但同時亦為戰時軍律（已廢止）之一般法。

一般法與特別法之區別不僅法典與法典間有其存在，即同一法典之條文間亦有之。例如就請求權之消滅時效而言，則民法第一百二十五條所規定者為一般的，而民法第一百二十六條、第一百二十七條及第一百九十七條第一項所規定者，則為特別的消滅時效是。

一般法與特別法區別之實益，在於就一定的社會關係之適用，而有一般法與特別法併存時，則特別法優於一般法，即所謂特別法優於普通法原則是。但特別法中如無規定時，仍應以一般法補充適用之，例如房屋租賃應先適用土地法，在該法中無規定之事項始可適用民法債編中關於租賃之規定（但若屬住宅租賃，則應優先適用租賃住宅市場發展及管理條例，於該條例未有明文規定者，才適用土地法，土地法未規定者，才有民法之適用）。

(二)原則法，例外法　原則法與例外法之區別，亦以法之適用範圍為其標準，似應與一般法特別法之區別相同，其實不然。蓋原則法者關於某特定事項一般的適用之法也，例外法者以例外除去而不適用此原則之法也。例如人之權利能力：其始期，原則係始於出生（民法第六條），而例外則為未出生之胎兒（民法第七條）；其終期，原則為死亡（民法第六條），而例外則為死亡宣告（民法第八、九條）。又一個條文中，同時含有原則法與例外法者，亦不在少數。所謂「但書」之規定，大多數為例外法也。例如，民法第七十七條「限制行為能力人為意思表示及受意思表示，應得法定代理人之允許。但純獲法律上利益，或依其年齡及身分、日常生活所必需者，不在此限」，其中「但」字前之規定為原則法，「但」字後之規定則為例外法。總之原則法與例外法云者，係關於某特定事項有適用此規定與不適用此規定之法也，與一般法，特別法之以能否適用於一般的廣範圍的人、地、事為標準而區別者自不相同。同時原則法與例外法，亦不若一般法與特別法之有補充適用之關係，故二者不可混淆。

原則法與例外法區別之實益有①例外法須從嚴格解釋，而不得用擴張及類推解釋，不過此亦僅為一般的解釋原則，若因立法上理由，社會上之需要，自亦可不必絕對遵守。②關於舉證責任問題，即以適用原則法為前提要件之事實之舉證責任在於原告（請求者），而以適用例外法為前提要件之事實之舉證責任在於被告（被請求者）是也。

於此附述者為基本法與附屬法之問題，附屬法者規定某特定法律如何施行之法也，申言之，凡闡明法文之意義，解決其疑問，而定其施行細則者即為附屬法，而某特定之法律對於其附屬法而言則為基本法。例如民法為基本法，其各編施行法則為附屬法。附屬法與基本法應合一而適用，其間並不發生優先與否之問題，此研究法學不可不知者。

第四節　基於法之適用程度之分類

㈠強行法，任意法　強行法與任意法係以法律之適用程度，即絕對適用，抑相對適用為標準而分。申言之，凡不問當事人之意思如何，而必須適用之法律謂之強行法，反之其適用與否，受當事人之意思所左右者謂之任意法，前者例如，憲法、刑法、訴訟法等，凡以規定國家社會關係為直接目的，而基於公益上之理由，國家必須強制實現其內容者屬之；後者如民法、商事法等，凡以規定私人關係為直接目的，與公益並無影響，國家為尊重當事人之意思，適用與否，聽任其自由者屬之。不過下列各點，在區別上應予注意：

⑴有謂強行法與任意法之區別標準，在乎法律效力之強弱者，即效力強者為強行法，效力弱者為任意法。其實任意法並非效力弱，倘當事人一旦適用，則其效力與強行法尚無不同，祇當事人得預先表示反對意思，以免其適用而已。可見兩者之區別標準，並不在乎法律效力之強弱也。

⑵一般言之，公法似均為強行法，私法似均為任意法。其實卻不盡然。蓋公法中亦有任意規定，例如刑法中之「告訴乃論」規定，民事訴訟法之「合意管轄」規定，雖兩法均屬公法，但上述二種規定，乃任意法也。其次私法中亦不無強行規定，例如民法中關於暴利行為取締及利息限制之規定，公司法中關於公司登記之規定，雖兩法均為私法，但上述之二種規定乃強行法也。可見強行法任意法，與公法私法之範圍亦不一致。

⑶關於各法條為強行規定，抑為任意規定，可先於法文上辨別之，凡帶有「應……」「不得……」及「非……不得……」等字樣者，均係強行法，而帶有「契約另有訂定者不在此限」「契約另有訂定者，從其訂定」「除契約另有訂定外……」，及「得」等字樣者，均屬任意法。其次倘法文上未有上述字樣之明白表示者，則應深究其內容，性質及立法精神如何而斷定之。

㈡命令法，禁止法　強行法依其性質之屬於積極或消極，可再細分為命令法與禁止法兩種，前者係強制為某種行為之法，如兵役法在乎強制人民服兵役，各種稅法在乎強制人民納稅。後者係禁止為某種行為之法，如刑法在乎禁止人民犯罪，社會秩序維護法則在乎禁止人民違反社會秩序行為。

㈢補充法，解釋法　任意法因其作用之不同，可再細分為補充法與解釋法兩種，前者乃補充當事人意思表示欠缺之規定，換言之，當事人不為與此相異之訂定時，始得適用此規定，以為之補充。民法第二百十三條第一項：「負損害賠償責任者，除法律另有規定或契約另有訂定外，應回復他方損害發生前之原狀」是其適例；後者乃解釋當事人意思之規定，即當事人意思內容不明確時，應適用此規定以為之闡明。法文設有「推定」字樣者，多為解釋規定，民法第一百五十三條第二項「當事人對於必要之點，意思一致，而對於非必要之點，未經表示意思者，推定其契約為成立，……」是其適例。

強行法與任意法區別之實益在於法律上效果之不同，即當事者倘有異於任意規定之意思表示或行為，即違反任意法規時，祇須當事人間別無異議，則此種意思表示或行為仍屬有效，並無任何影響。然如違反強行法規時，則其效果便有下列三種之不同：

⑴處罰，但不妨礙其效力：例如前違警罰法第五十四條第十一款：營工商業不遵法令者，應處七日以下拘留或五十元以下罰鍰。但其營業行為不因之而無效。

⑵無效，但不處罰：例如，違反民法第七十三條規定，其未依法定方式而為之法律行為，應屬無效，但不因之而遭受處罰是。

⑶無效，並處罰：例如違反民法第九百八十三條之規定，直系或三親等內旁系血親相互間結婚者，除結婚無效外並應受刑法第二百三十條之制裁是。

第五節　基於法之資料來源之分類

以法律之資料來源為標準可分為固有法與繼受法兩種。固有法係根據本國固有之社會狀態及人情風土習慣而定者，亦即該國原有法律也；繼受法者乃模仿外國法而制定之法律，亦即繼受外來之法律也。故繼受者稱為子法，而被繼受者稱為母法。

繼受法以其繼受之方法言可分為：習慣法的繼受，與立法的繼受二種。習慣法的繼受云者，乃將外國法律做為本國習慣法而施行，如第十三、四世紀德國繼受羅馬法而做為習慣法是；立法的繼受云者，模仿外國法而制定之為本國法，如日本古時模仿我國唐律而制定大寶律令，比利時、義大利等國模仿拿破崙法典，而制定各該國之民法典，及我國繼受德、瑞等民法而制定現行之民法是也。又依繼受之程度言，可分為直接繼受與間接繼受兩種。前者即將外國法全盤照樣移用，如土耳其於一九二六年之繼受瑞士民法是；後者即上述之立法的繼受是也。

一國家有其固有法律似已完足，何取乎繼受？蓋今日世界交通頻繁，任何國家亦不能閉關自守，其文物制度，勢必互相灌輸，方能爭榮互長。法律亦文化現象之一，倘不取長補短，攻玉他山，則何以適應潮流，因而各國間對於法律不能不盛行繼受之事，遂致繼受法之分量與時而俱增矣。

固有法與繼受法區別之實益，在乎研究方法之差異。即研究固有法時，僅探究本國法制之沿革為已足；而研究繼受法時，則必須探究被繼受法（母法）發生發展之經過，及其原有國家之國情等始得窺知其真髓也。

第五章

法律之效力

關於法律效力問題，應分兩方面敘述，一為法律效力之根據問題，一為法律效力之範圍問題。欲研究此二問題應先將法律之「妥當性」與「實效性」略加說明。何謂法律之妥當性？即法律要求人人遵守之規範性是也；何謂實效性？即事實上法律確為人人奉行之事實性是也。法律之效力，即建築於此妥當性與事實性之綜合狀態上，換言之，二者缺一，則法律便不存在。蓋無論何種法律，其本質上均不外對人要求服從其指示而營社會生活，但實際上，始終無人奉行時，則此種法律縱令其具有任何妥當性，亦不免等於具文，有若無耳。故法律之妥當性與實效性必須同時兼備。關於法律妥當性原屬於「法律解釋學」研究之範圍，而法律之實效性乃屬於「法律社會學」研究之範圍，但因與以下之論述有關，故先予揭櫫於此。

第一節　法律效力之根據

法律效力根據者，法律何以有效力之謂也。此一問題有關之學說甚多，其主要者有神意說、自然法說、實力說、命令說、歷史法說、承認說等數種，茲依次敘述如下：

㈠**神意說**　此說謂法律效力，以神意為根據，蓋原始社會法律與宗教渾然一體而不可分，例如所謂「塔布」(Taboo)雖為宗教上一種禁忌，同時亦為當時一種法律，即原始規範是。又古代法典，自漢摩拉比法典(*Code of Hammurabi*)以來，多託神意而立法，及中世紀宗教法學發達，學者亦多由此方面，從事研究，而近世初期有所謂「王權神授」說者，即此神意說之另一形態也。神意說於原始社會，民智未開之時，或亦有其存在之價值，但如今原子時代，此種無科學根據之學說，早已為潮流所淘汰矣。

(二)自然法說 此說謂人類社會中原有萬古不變之一種真法自然存在，立法者不過發見此種自然法，而表現之於法文而已。換言之，立法者所制定之實證法，其背後實以此種高級秩序之自然法為根據。因此實證法倘與自然法有所牴觸，則歸於無效。自然法係基於自然或人類理性而實行，不以任何強制為必要。實證法既據此而作成，則其效力自亦本此而產生。但此學說亦屬一種空想，於實際未見切合。

(三)實力說 此說謂法律效力之根據乃在於支配者之實力上，申言之，即法律原為強者壓迫弱者之工具，強者為支配者，其支配力即法律之效力也。此說純著眼於法律之實效性而論斷，於法律之妥當性毫未顧及，確屬謬見（參閱第二章第六節），自無庸疑。況法律之實效性並非僅以實力即可說明，尚須人人對於法律承認之，遵守之，其效始著，故實力說，殊無足取。

(四)命令說 此說謂法律乃主權者對人民之命令，從而法律效力之根據，乃在乎主權者之意思。此種法律思想於古羅馬時代，已肇其端，及英國之分析法學派出而大行，竟有「惡法亦法」之主張。詳言之，此派認為法律一經主權者制定，便有絕對的效力，初不問其與道德有無違反也。此派又有「法學者實證法之學也。」之說，因而謂法學之任務在答覆「法是何物」之問題，而不在答覆「法應何為」之問題。可見此派純以現實之法制為對象而研究，其範圍失之過狹。倘從此說，既與現時之民主政制不合，而對於習慣法自治法規以至於憲法與國際法之效力根據亦均無法說明。

㈤歷史法說　此說以法律乃國民間由於歷史及經驗而產生，其效力全基於民族之「法的確信」，而此「法的確信」乃民族之心理狀態，亦即民族之精神，因而法律遂與民族同其消長，故特別注重習慣法。但此說亦與事實不合，例如德意志之繼受羅馬法，即不能依此說加以說明，蓋法律之效力，縱不基於民族之「法的確信」，亦無礙其妥當性，同時非由國民間之歷史的，經驗的之新的立法，其效力亦無不可充分發揮也。

㈥承認說　此說謂法律效力之根據，在於國民之承認，亦即由於該社會中營共同生活之多數份子之承認，法律始有其效力也。但此之所謂承認，不以積極的支持為限，即畏懼法之制裁，而不得不服從，所謂非自動的承認（或稱強制的承認）及幼兒白痴等之無意識的承認，亦包含在內。依理言之，法律之實效，自不能與該社會中一般人之心理脫離關係，故此說比較允當。然法律一經依法定程序制定、公布、施行，即有其效力，形式上實無關於人民之承認與否。況所謂「無意識的承認」，其用語亦屬牽強，因幼兒及白痴等對於法律既無認識，何由承認？加以人人對於法律何以承認之一點，亦無適當之說明。由於上述之非難，此說似又不能立足。不過此說對於法律效力之根據，於妥當性之意義上，雖有欠圓通，但對於實效性之意義上，確已觸著其要點。因為法律之施行，確需該社會之多數份子積極的或消極的承認而遵守，換言之，法律之妥不妥，亦多繫乎法律之行不行也。

以上六說，前二者（神意說與自然法說）係依法律內容之應適合正義與自然條理而立論；次二者（實力說與命令說）係著眼於制定法律之權力而主張；後二者（歷史法說與承認說）則以服從法律之人之意志為重點而觀察者，此外尚有社會意識說、輿論說與法之階段說等，見仁見智，互不相同。總之法律效力之根據，必須由其妥當性與實效性上作複合的觀察，同時亦應注意時代之影響，而不可刻舟求劍，固執一端也。

第二節　法律效力之範圍

法律之效力，由於法之具有社會性與歷史性，當然有其界限，成文法如此，不文法亦然，玆分時、人、地三方面敘述如下：

第一、法律關於時之效力

㈠法律效力之始期　任何法律必有施行期間，亦曰有效期間，縱使朝令夕改，亦不過其有效期間之特短而已，總不能謂為無期間也。既有期間，則必有始，亦必有終。法律效力何時始？曰始於公布施行。施行為生效之前提，而公布又為施行之前提，不過僅公布而未施行者，則不能生效。公布施行雖為法律效力之始期，但普通多於公布後，設有一定之周知期間，如日本法律多自公布之日起，經二十日始能生效。我國有關法律效力之始期規定於中央法規標準法（民國五十九年八月三十一日公布施行）。據此之規定，則我國法律生效之情形有：①自公布或發布日施行者：法律每於末條規定「本法自公布日施行」，則該法律公布之日，即其施行之日。惟其實際生效，則自公布或發布之日起算至第三日起始發生效力。②法規特定有施行日期或以命令特定施行日期者：則該法律自應從其特定日期起生效。（以上見中央法規標準法第一三、一四條。）

關於法律生效之始期，已如上述，惟與此有關者厥為「法律不溯既往」之原則是也。依此原則則法律施行前所發生之事項當然不適用此法律，亦即法律無溯及的效力。蓋吾人行為之準繩，存於行為當時之法律，若為法所不禁，則任何行動，可以自由，倘以新法施行，而許其溯及於施行前之行為，則法無定準，向之視為合法者，今則變為違法矣；向之以為既得之權利者，今則可被剝奪矣，如此昨是而今非，則人民何所適從？故無論於國家之威信上，或社會之安定上，均屬不利。自羅馬以來公認此「法律不溯既往」為一最重要之原則，良有以也。我民法各編施行法皆於首條揭明此旨，其他法律亦莫不受此原則之支配，而以刑法為尤甚，我刑法第一條即有「行為之處罰，以行為時之法律有明文規定者為限」之規定，其用意固在表明罪刑法定之旨，但另一方面亦正表示不溯既往之原則。惟法律不溯既往原則乃法律適用之原則，非立法原則，立法時基於國策或社會之需要，仍可明定法律有溯及之效力。例如民法總則施行法第三條第一項有「民法總則第八條第九條及第十一條之規定，於民法總則施行前失蹤者，亦適用之」及民法債編施行法第十條有「民法第二百零四條之規定，於民法債編施行前，所約定之利率逾週年百分之十二者亦適用之」等規定是。良以法律既為社會文化現象之一，自亦宜適應潮流，而興利除弊，倘於立法上亦絕對採用此不溯既往之原則，勢必對於舊法時代所遺留之種種弊病，不能以新法而挽救矣，是豈文明國家為政之道乎？故各國對此原則於立法上多不適用。

其次與法律始期有關者，尚有「既得權不可侵」原則，此乃上述不溯既往原則之當然結果，亦可謂該項原則之目的。依此原則則舊法時代已取得之權利，不能因新法而變更或消滅。不過所謂既得權者，必須基於舊法，依特定之取得原因而取得之特定人之權利；換言之，既得權謂已確定之權利，若僅為將來可得權利之希望，則不在此不可侵原則之內。此一原則亦為法律適用之原則，而非立法原則，其情形與上述之法律不溯既往之原則相同，即由於國策或社會需要，對於既得權亦可以新法變更或消滅之。

㈡法律效力之終期　法律效力終於法律之廢止，法律一旦廢止，則即時失其效力，原則上不須經過若干日期，但有時亦須經一定期間（中央法規標準法第二一條第三項）。我國有關法律之廢止，於中央法規標準法規定之。依此之規定，關於法律之廢止，不外下列兩種方式：

⑴公布廢止　中央法規標準法第二一條規定：「法規有左列情形之一者廢止之」。

①機關裁併，有關法規無保留之必要者。

②法規規定之事項已執行完畢，或因情勢變遷，無繼續施行之必要者。

③法規因有關法規之廢止或修正致失其依據，而無單獨施行之必要者。

④同一事項已定有新法規，並公布或發布施行者。

有以上原因之一，法律應予廢止。此項廢止應經立法院通過，總統公布始可（中央法規標準法第二二條第一項）。但自公布或發布日起算至第三日失效（同條第三項）。

⑵當然廢止　法規定有施行期限者，期滿當然廢止，無須經立法院通過，總統公布；但應由主管機

關公告之（中央法規標準法第二三條）。惟法律定有施行期限，主管機關認為需要延長者，應於期限屆滿前一個月前送立法院審議；但其期限在立法院休會期內屆滿者，應於立法院休會一個月前送立法院（同法第二四條第一項）。

法律於公布施行前，其效力原則上固不得發生，然例外可依立法手段以溯及；同樣法律一經廢止，其效力原則上亦不得復存，然例外可依新法之規定予以延續。例如我國刑法第二條第一項：「行為後法律有變更者，適用行為時之法律；但行為後之法律有利於行為人者，適用最有利於行為人之法律」，其本文即規定舊法效力之延續者，亦即「新法改廢舊法」原則之例外，研究法律不可不知也。

㈢不文法關於時之效力　法律自公布施行迄於廢止，有其效力，已如前述，此在成文法固無問題，若在不文法則將如之何？曰：不文法當然亦適用此原則，惟其何時施行，何時廢止，實不似成文法之有明確期限耳。茲就不文法之重要者，如習慣法、判例法及法理等言之，則其效力之始期，自當解為於一般人對之發生法的確信時起；而其終期則為如有成文法明定廢止該不文法，或有與該不文法內容相牴觸之成文法制定，則此種成文法施行之時，即該不文法廢止之時也。但縱無上述之成文法公布，而一般人對於該不文法失卻法律確信時，亦屬當然廢止，不過此時期不明確而已。惟判例法則多以其高級法院有與其內容牴觸之判例產生時，失其效力，此亦當然之解釋也。

㈣時際法　新法施行，舊法失效，界限顯明，似無疑難，然社會事項卻不能一刀兩斷，截然劃分，其橫跨於新舊兩法之間者，勢不在少。此種事項，究應適用新法乎？適用舊法乎？抑新法舊法分段適用乎？倘無明文，必滋疑竇，此所以於新法公布施行時，每多制定施行法，例如民法各編之施行法是。施行法亦稱附屬法（參照第四章第三節末段）即所謂時際法是也。

第二、法律關於人之效力

一國法律其效力究能及於何如人？向有二大主義：一為以「人」為標準而決定其所及之人；一為以「地」為標準而決定其所及之人。前者乃國家行使「人民主權」結果，謂之屬人主義；後者乃國家行使「領土主權」結果，謂之屬地主義。「人」之標準國籍是也，依此標準則凡具有該國國籍之人，亦即其本國人民，即不問其所在之地若何（國內抑國外），均須受其本國法律之支配；「地」之標準領域（領土、領海、領空）是也，依此標準則凡在該國領域內居住之人，即不問其國籍若何（本國人抑外國人）均須受該國法律之支配。但上述之二主義若果貫徹其一，勢必發生甚多之不便，例如專採屬人主義，則甲國人在乙國犯罪，乙國反不能制裁，試問其社會秩序，將何以維持？反之如專採屬地主義，則甲國人在乙國，僅受乙國法律之支配，則關於身分能力等問題，對於甲國人固有之風俗習慣，難免有扞格不通之虞。故二者專採其一，必多不便之處也。然二者如同時兼採，並絕對貫徹，則各國法律未統一之今日，亦必發生甚多之衝突（我國關於解決此問題，有涉外民事法律適用法），故二者又無法同時貫徹，因之各國均以屬地主義為主，而以屬人主義為輔，所謂折衷主義是也。

惟上述各種主義皆屬原則，無論何者莫不有其例外，茲分述如下：

甲、關於屬人主義之例外

依屬人主義凡本國人不問其居於國之內外，均應受本國法律支配為原則，但有下列之例外：

㈠居住國內之本國人之例外

⑴有特殊身分之人：一國元首常非法律效力之所及，不過君主國與民主國在程度上有其差別。即在君主國主權屬於君主，君主為國家元首，絕對不受國法之拘束；在民主國其元首雖可以人民之公僕目之，然元首究屬國家之代表，自亦應保持其地位之尊嚴，故非在特種情形下，亦不負法律責任。我憲法第五十二條規定：「總統除犯內亂或外患罪外，非經罷免或解職，不受刑事上之訴究」，是其適例。其次各國國會議員，依憲法通例，凡在議院內所發表之言論及其表決，於院外不負責任，並會期中或任期中除現行犯外，其身體之自由應受特別保障。我憲法第三十二條：「國民大會代表在會議時所為之言論及表決，對會外不負責任」，及第三十三條：「國民大會代表，除現行犯外，在會期中非經國民大會許可，不得逮捕或拘禁」，又如我憲法第七十三條：「立法委員在院內所為之言論及表決，對院外不負責任」，及第七十四條：「立法委員，除現行犯外，非經立法院許可，不得逮捕或拘禁」，皆其適例也。

⑵無特殊身分或職業之人：關於特殊身分或職業之人之特別立法，其效力祇能達於具有該項身分或職業之人，餘則不受其拘束。例如非有軍人身分，則不受軍法審判（憲法第九條），非有公務員身分，則不適用公務員服務法，及非從事於勞動職業者，多與勞動之法令無關是也。

㈡僑居外國之本國人之例外

依屬人主義則本國人雖僑居外國，亦應受本國法律之支配為原則，但實際上身在外國而仍受其本國法律之支配者，亦僅限於憲法上所規定之義務，如納稅及服兵役之義務；及刑法中所規定之特定犯罪，如內亂罪、外患罪等，或民法上關於身分能力問題而已。餘仍應受其住在國之法律之支配，亦屬人主義之例外也。

乙、關於屬地主義之例外

依屬地主義居住於本國內之外國人，亦應受本國法律之支配，但亦有下列之例外：

(一)依國際慣例之例外　各國為敦睦邦交，維持和平，特設治外法權，使下列三種人不受駐在國法律之拘束。

(1)外國元首及其同伴家屬與非駐在國籍之從者；

(2)外國之使節隨員及其同伴家屬與非駐在國籍之從者；

(3)經停泊國承認之外國軍艦及其因公登陸之外國軍隊。

(二)依國際條約之例外　外國人雖無上述之情形，但仍不受其駐在國法律之支配，而受其本國領事權之裁判者，是謂之領事裁判權。其行使範圍，恒依條約之所定。此種制度，最先行於土耳其，我國及日本過去亦均曾受此種不平等條約之束縛，今則已成陳跡矣。

丙、關於折衷主義之例外

法律效力如專採屬人主義或屬地主義既均有所不宜，故各國多採折衷主義，前已言之，依此主義之結果，對於居住外國之外國人，當然非本國法律所能支配，同時亦無支配之必要，但亦有例外，即某種特定犯罪，仍應受被害國刑法之制裁（參照我國刑法第五條至第八條）是也。不過此項刑罰權如何行使，實一問題。此問題應有兩項：一為該犯人日後來被害國時，可否處罰之問題；一為該犯人永久不來被害國，如何訴追之問題。此二問題因各國間所採取之主義不同，其結果亦異。在大陸法系國家，採取承認主義，即承認外國人在外國犯罪，其被害國有訴追處罰之權，因之倘該犯人來被害國時，自可予以逮捕歸案，固無問題，即該犯人永久不來被害國，亦可依兩國間之相互引渡特約，請求引渡也。然在英美法系國家，則因其採取不承認主義，即不承認被害國有訴追處罰此種犯人之權之結果，則於採取同樣主義之兩個國家間，固亦無問題；但在採取不同樣主義之兩個國家而犯人之本國適為不承認主義時，固無論該犯人永久不來被害國，被害國無法訴追，即使來時亦不能逕行逮捕歸案，因該本國既不承認被害國有權處罰其人民在本國內對外國之犯罪，勢必行使外交之保護權而予以抗議，故此問題，除非經兩國間之合意或一方讓步則難以解決也。

第三、法律關於地之效力

法律關於「地」之效力云者，乃法律現實行使之領域範圍之問題也。惟法律所支配者並非以該領域之土地為對象，仍以在領域內所發生之事，亦即該領域內人之行動為對象，故究極言之，此問題實亦前述之法律關於人之效力中之屬地主義問題耳。不過此處特以領域範圍為重點而觀察之而已。此問題亦有原則與例外，茲敘述如下：

㈠**原則**　一國法律以行使於該國之全領域為原則，所謂領域指左列各項而言：

⑴領土（包括領水）：領土如我憲法上所稱之固有疆域是；領水則指江河及內湖而言，其介於兩國之間者，通例以中線為界。

⑵領海：海洋在國際法上向以潮退時距海岸三海里內為領海，惟一九七四年以後，各國紛紛擴張其領海範圍（我於六十八年宣告我國之領海為自基線至其外側十二海里之海域，八十七年一月公布施行之中華民國領海及鄰接區法第三條明定：中華民國領海為自基線起至其外側十二浬間之海域）。

⑶領空：以圍繞該國領土領海之界線與天空之垂直線，為領空之範圍。

㈡**例外**　對於上述之原則，有下列之例外：

⑴因於領域外行使國法而生之例外：此例外有兩種情形：一為託管地、租借地、戰時軍隊佔領地及駐外使館之區域，享有治外法權者，其本國法之效力均可及之。一為本國之私船於公海內或本國之軍艦及公船於外國之領水領海內，其本國之法律，對之仍有拘束力。航空機亦同。

⑵因於領域內國法祇行使於一部地區而生之例外：此亦有兩種情形，一為基於經濟、政治或其他理由而將全領域劃分為若干法域，於是施行於甲法域之法律，自不能施行於乙法域，例如各省市之自治法是。一為基於社會、經濟或其他理由，使某種法律先擇某地區行使或限於某地區行使，如平均地權條例第八十五條有「本條例施行區域由行政院以命令定之」之規定，即為前者之適例；而臺灣省內菸酒專賣暫行條例（已廢止）雖亦為中央之法令，但僅限於臺灣省內行使，即為後者之適例。

第六章 法律之解釋

第一節　解釋之必要

法律之解釋者，乃澄清法律之疑義，以期適用正確之謂。換言之，法律之解釋乃法律適用之前提也。蓋立法必期適用，適用不能無疑，疑而不加解釋，則欲期適用之正確也難矣。故解釋者實不可或缺之工作也。解釋之對象為何？疑義是已，疑義若何？言之約有兩端：

㈠**法文本身之疑義**　不文法固亦不免發生疑義，有時需要解釋，然不若成文法之甚。蓋成文法係以文字表現者，文字不過為抽象的概念而已，當其適用於具體事件時，其涵義，或失之過寬，或失之過窄，或模稜兩可而游移不定，或因時空影響而異其內容，有此情形，倘不加以解釋，則法文僵化，勢必無法適用矣。況現代各國多盛行委任立法制度，法律條文幾全部為原則性之規定，甚且為適應國家政策，或時勢變遷之需要，而預留解釋之餘地者亦不在少，尤以憲法為國家根本大法，雖不能必其傳之萬世而皆準，但亦不宜過於細密，缺乏彈性，致國家施政受其束縛，阻礙社會進步，此所以有賴於解釋工作之調劑也，非唯憲法如此，其他法律亦然，緣法律為社會之準繩，雖不必過於遷就社會，但亦宜適應社會需要。隨社會之變遷而變遷，隨社會之進化而進化，否則株守呆文，而置社會之實況於不顧，勢必與社會發生齟齬，而歷久彌深，終不免為社會發展之桎梏矣。試問到此地步，則除由立法機關修正或新制定法律外，倘不作適宜之解釋，將何以為功？

㈡法律與其他法律關係之疑義　任何法律均不能挺然孤立，必與其他法律發生關係，或為實體與程序之關係，或為一般與特殊之關係，彼此牽涉，互相關聯，於是在適用上，即不免發生牴觸，或重疊等疑義，而對於此等疑義，非假手解釋則無法解決。例如：法律與憲法牴觸者無效，但某一法律究竟是否與憲法牴觸，自須待乎特定機關之解釋。又如地方法令不得與中央法令牴觸，但某地方法令是否牴觸中央法令，自亦待乎解釋，我憲法第一百十七條有：「省法規與國家法律有無牴觸發生疑義時，由司法院解釋之」之規定，即為此種情形而設。以上係關於法律之牴觸者，其次關於法律重疊者，如某事依某法令似應由甲機關主管，而依另一法令則又應由乙機關主管，是謂積極的權限爭議，此種爭議，當然由於法令界限之重疊所致，欲期解決，亦非解釋莫屬也。

依據上述情形，可知法律條文在形式上雖極明白確定，然而一旦具體適用，則又不免疑義叢生，故解釋工作尚焉。縱歷史上自認為高明之立法，而嚴禁解釋者，不乏其例，如昔羅馬之優斯丁尼亞諾斯(Justinianus, 527–565)大帝，及普魯士之腓特烈(Friedrich, 1712–1786)二世皆曾頒布法律，嚴禁解釋其法典。又如拿破崙(Napoleon, 1769–1821)於發見有人解釋其法典時，慨然嘆曰：「嗚呼！朕之法典，亡矣！」而日本之明治憲法亦有「不磨大典」之稱。然而解釋者固自若也。甚且解釋法律竟成為研究法律之一種學派（註釋法學派），則法律解釋之必要，何待煩言？

第二節　解釋之主體

法律之解釋既有必要，則此解釋工作應由何機關或何人為之？是謂法律解釋之主體問題，通常可分下列兩種情形：

第一、機關解釋

此種解釋亦稱法定解釋，或有權解釋，蓋其解釋之效力較強也。復分為三種：

甲、立法解釋

立法解釋者即由立法機關所為之法律解釋，此項解釋，情形有二：一為事前解釋，一為事後解釋。事前解釋乃指預防法律適用時發生疑義，而事先以法律解釋者而言，亦有數種情形：①同一法規中對於所用之名詞或語句，自加解釋以確定其涵義者，例如：民法債編第五百五十三條「稱經理人者，謂由商號之授權，為其管理事務及簽名之人」，（各種之債其他各節之首條亦多如此）及刑法第十四條「行為人雖非故意但按其情節，應注意並能注意，而不注意者為過失」是也。②另行制定法律，以解釋既存之法律者：例如民法第三十條：「法人非經向主管機關登記不得成立」，其「主管機關」係何所指，則於民法總則施行法第十條第一項有規定曰：「依民法總則規定法人之登記，其主管機關為該法人事務所所在地之法院」，及公平交易法第十一條第一項第三款：「事業結合時，有下列情形之一者，應先向主管機關提出申報：三　參與結合之事業，其上一會計年度銷售金額，超過主管機關所公告之金額」，其「銷售金額」之意義，於同法施行細則第七條第一項設有：「本法第十一條第一項第三款所稱銷售金額，指事業之營業收入總額」之解釋規定是也。至於事後解釋係指法律適用發生疑義時而由立法機關加以解釋者而言，實行內閣制之國家多採此制，我國行憲後之立法院有無解釋法律之權，既無明文可據，亦無實例可循，故尚在爭議之中。

乙、司法解釋

司法解釋係指司法機關對於法律所為之解釋，其情形主要有二，一為裁判，一為解釋例。前者係指法官於審判案件時，對法律之疑義，依其自己之正確意見，加以解釋，蓋法官原受有「依法獨立審判，不受任何干涉」之保障，則於適用法律，自有解釋之權，不過此項解釋之拘束力僅能及於訴訟當事人，對於其他法院及一般人民在法律上並無拘束力，但上級法院所為之判決，其下級法院恆受其拘束，過去雖有判例制度而可拘束全國法院，但該判例制度已被法院組織法所廢除，故其效力現等同於個案裁判而無通案效力。後者乃指於審判案件外由司法機關對於憲法及法令所為之解釋，依我國現行制度此項解釋權屬於司法院，而由大法官會議行之，將來則由大法官組成之憲法法庭代之（一百十一年一月四日起施行之憲法訴訟法）。試觀憲法第七十八條：「司法院解釋憲法，並有統一解釋法律及命令之權」，第七十九條第二項：「司法院設大法官若干人，掌理本憲法第七十八條規定事由……」，司法院組織法第三條（本條自一百十一年一月四日起施行）：「司法院置大法官十五人，依法成立憲法法庭行使職權」及憲法增修條文第五條第一項：「司法院設大法官十五人，並以其中一人為院長、一人為副院長……」，同條第四項：「司法院大法官，除依憲法第七十八條之規定外，並組成憲法法院審理總統、副總統之彈劾及政黨違憲之解散事項」等規定自明。茲分解釋之範圍、方式，及效力三項說明如下：

㈠司法解釋之範圍　解釋之範圍憲法與普通法令不同，大法官會議釋字第二號解釋，對於此點，分析甚詳如下：「憲法第七十八條規定司法院解釋憲法，並有統一解釋法律及命令之權，其於憲法則曰解釋，其於法律命令則曰統一解釋，兩者意義顯有不同。憲法第一百七十三條規定憲法之解釋由司法院為之。故中央或地方機關於其職權上適用憲法發生疑義時，即得聲請司法院解釋，法律及命令與憲法有無牴觸。發生疑義時亦同。至適用法律或命令發生其他疑義時，則有適用職權之中央或地方機關，皆應自行研究以確定其意義，而為適用，殊無許其聲請司法院解釋之理由。惟此項機關適用法律或命令時，所持見解與本機關或他機關適用同一法律或命令時所已表示之見解有異者，苟非該機關依法應受本機關或他機關見解之拘束，或得變更其見解，則對同一法律或命令之解釋，必將發生歧異之結果，於是乃有統一解釋之必要。故限於有此種情形時，始得聲請統一解釋本件」。根據此項分析可知大法官會議，對於憲法本身或法律命令與憲法有無牴觸之疑義固予解釋，但對於一般法律命令之疑義，則非達於需要統一解釋之程度時，則不予解釋。現行司法院大法官審理案件法第七條就此已有明文規定矣，但自一百十一年一月四日起施行之憲法訴訟法第一條將由憲法法庭取代大法官會議掌有前述職能。

㈡司法解釋之方式

⑴即送解釋：按憲法第一百十四條規定：「省自治法制定後，須即送司法院。司法院如認為有違憲之處，應將違憲條文宣布無效」，又憲法第一百十四條規定之案件不準用司法院大法官審理案件法第五條規定之聲請解釋之程序(同審理案件法第六條)，將來則依憲法訴訟法第一條第五款規定由憲法法庭審理之。

⑵聲請解釋：此項解釋須經適用該法律之機關之聲請，始能予以解釋，否則縱知憲法有疑義或某法令與憲法有牴觸之嫌，亦不能自動加以解釋，此觀於司法院大法官審理案件法有關各條均用「聲請解釋」字樣，自可明瞭。至於如何聲請？有無限制？該法第九條有「聲請解釋機關有上級機關者，其聲請應經由上級機關層轉，上級機關對於不合規定者不得為之轉請，其應依職權予以解決者亦同」，將來則依憲法訴訟法第四十七條第二項規定報請上級機關為聲請，及第八條有「聲請解釋憲法應以聲請書敘明左列事項……」以及將來的憲法訴訟法第五十條等規定，可知聲請須有一定機關之呈轉，並須具備一定之文件，此二者乃形式上不可或缺之要件。又依同法第五條第一項第二款及第七條第一項第二款之規定，人民、法人或政黨亦可聲請解釋憲法及統一解釋法令，但必須經確定終局之裁判始可，將來則是依憲法訴訟法第五十九條聲請憲法審查及依第八十四條聲請統一解釋法令。再者，依同法第五條第一項第三款之規定，立法委員現有總額三分之一以上，將來則依憲法訴訟法第四十九條規定，只要立法委員現有總額四分之一以上，亦得聲請解釋憲法。

㈢司法解釋之效力　世界各國對於憲法解釋，其效力如何，概分兩種：一為否認制，即認為法令與憲法有牴觸時，則法院可否認該項法令之效力，但僅以本案件為限，該法令不得應用，並非根本撤銷，換言之，該法令依然存在也。此制美國行之，故亦稱美國制。一為撤銷制，認為某法令與憲法牴觸時，由有權解釋之機關撤銷該法令，使之喪失效力是，此制奧國行之，故亦稱奧國制。我司法院對於憲法解釋之效力，係否認制，抑撤銷制，雖無明文規定，但就憲法第一百七十一條第一項及第一百七十二條等所規定之違憲或違法無效各點而論，則係撤銷制也。

丙、行政解釋

行政解釋云者即行政機關對於法令所為之解釋也。此種解釋以適用法令時對該法令本身發生疑義之解釋為限，而對於憲法之疑義，或法令與憲法有無牴觸之疑義則無權解釋。至所謂法令乃包括法律與命令兩者，命令乃行政機關所頒布，如有疑義，自當自行解釋，法律雖由立法機關所制訂，行政機關乃其執行者，對其疑義，自得負責解釋清楚，然後始能適用，故行政機關當然有法令之解釋權。

第二、個人解釋

此種解釋亦稱學理解釋，乃學者間基於學理上之見解對於法律所為之解釋，此種解釋，無拘束力，故亦稱無權解釋。

學理解釋有人復分為文理解釋與論理解釋兩種，以與法定解釋之立法、司法、行政等解釋相對稱，其實文理解釋與論理解釋乃解釋之技術問題，並非解釋之主體問題，上述之立法、司法、行政解釋既係以解釋之主體為標準而分，則不應與以解釋之技術為標準而分之文理，論理等解釋相並列。同時學理解釋固應以文理解釋與論理解釋為其技術，而立法、司法、行政之解釋，亦何可不以文理解釋與論理解釋為其技術耶？故本節雖亦分機關解釋（法定解釋）與個人解釋（學理解釋）二者，但未從一般之見解，乃另將文理、論理等解釋之技術問題，敘述於下節云。

第三節　解釋之技術

第一、文理解釋

文理解釋者，依據法律條文之字義或文義而為之解釋也，故亦稱文字解釋。蓋成文法既藉文字而表現，則文字之意義，即為法規之意義，故解釋文字即所以解釋法規也。惟此種解釋應注意者如下：

㈠**解釋法文應注意其專門性**　法律條文嘗有專用術語，此種用語既有其特殊之意義，自不可依通常之意義以為解釋，例如「善意」「惡意」，係指知情與不知情而言，非通常道德上所稱之善惡也。又如罰金與罰鍰，沒收與沒入，在法律上各有其涵義，若依通常之觀念，遽謂其意義相同時，則誤矣。

㈡解釋法文應注意其通常性　法律上專門用語，固應依其專有之意義以為解釋，然除此之外，自應以通常平易之意義為主。蓋法律非法學家專有之物，乃一般國民共有之行為準繩也，故其解釋必須平民化、通俗化，換言之，即須依社會上一般觀念解釋之。例如一粒之米，以物理學家眼光觀之，亦不失為獨立之有體物，然法律上卻不以之為買賣之標的；又如管中煤氣放散，以化學家之眼光觀之，雖不謂之滅失，然而吾人對該煤氣之所有權，則因該煤氣之放散而消滅，故在法律上仍不能不認為標的物（煤氣）之滅失也。

㈢解釋法文應注意其進化性　從時間著眼，法文之解釋應注意其進化性，因文字之涵義每隨時代之進化而變遷，一法律雖不能萬古長存，然亦不可朝令夕改，因此法文之意義，自亦應與時代而俱新，否則不足以應社會之需要，但此點在學說上頗有爭執。有謂法文之意義，應以立法當時之意義為準，縱時代進步亦應溯及立法當時之歷史的意義以為解釋，換言之，解釋時不過使立法當時之意義再構成而已，此即所謂沿革的解釋說是也；有謂法文之意義，應不拘於立法當時之意義，而應以現在社會之需要為基礎以解釋之，亦即解釋工作須適應社會之進化過程，例如「善良風俗」四字其內容應隨時代而不同是，此即所謂進化的解釋說也。依據後說則解釋之功用始著，故吾人從之。

㈣解釋法文應注意其固定性　從空間上著眼，則法文之解釋又應注意其固定性，亦即所謂客觀性，因法律既為一般人行為之尺度，尺度自不可因人因事因地而自由伸縮，否則有失尺度之價值，故法文之意義雖應隨時代之進化而進化，然同一時代卻不可因空間之不同而不同。

㈤**解釋法文應注意其聯貫性**　任何法典其條文必不能完全孤立，勢必前後關聯，一如文章之有整個組織然，故解釋時必須彼此照應，方能得其真髓，否則斷章取義，則有時難免不通。例如民法第七十五條第一項規定「無行為能力人之意思表示，無效……」，苟固執此條，則在解釋上將謂無行為能力人別無表示意思之方法矣。然試觀民法第七十六條規定：「無行為能力人，由法定代理人代為意思表示……」，則雖為無行為能力人，亦自有表示意思之方法也。故解釋法文應注意其各條之聯貫性，不然知其一，不知其二，豈得謂為善盡解釋之能事！

第二、論理解釋

論理解釋者，乃不拘泥於法文之字句，而以法秩序之全體精神為基礎，依一般推理作用，以闡明法律之真義者也。不過此種真義究應向何處尋求，換言之，法律如有疑義，應探求立法者之意思乎？抑探求法律本身之意思乎？此亦頗有爭議。主張前者謂法令之解釋，乃立法者意思之再現，即將立法者之認識，重加認識之謂，因而對於法案理由書，立法委員之會議紀錄等特別重視。主張後者謂法律一旦成立，即與立法者分離，而獨立存在，成為國家之意思，不受以前立法者意思之拘束，亦即法規有其獨立意思，此種意思之重點為何？即公平合理性是也，從而解釋法律，即應探求其公平合理性，以上二說以後說為當。蓋從前者則因法律之成立，雖採主權者之命令形式，然實際上若不經相當複雜之手續，則無由制成，然則立法者之意思，究竟誰屬，實無法判明，況參加立法者，每因黨派主義之不同，其意思亦不一致，因此法律之成立，嘗成於互相妥協之時為多，故立法者之真意，亦無由探得，從而解釋法律實不可汲汲於立法者個人之意思也。然立法者之意思，究為法規意思之來源，若絕對不予理會，則難免損及法律本來之面目，而反失其客觀性矣，故立法者之意思，又不能不採為解釋法律之重要資料。論理解釋之方法細分之，有下列六項：

㈠擴張解釋　亦稱擴充解釋，即法律意義，如僅依文義解釋則失之過窄，而不足以表示立法之真義時，乃擴張法文之意義，以為解釋之謂。例如憲法上規定人民有居住遷徙、言論、講學、著作、出版、秘密通訊、信仰宗教、集會及結社等自由，而未提及婚姻及飲食等之自由，此時即應用擴張解釋，而將婚姻、飲食等亦列為自由權之一。又如民法第九百十七條規定：「典權人得將典權讓與他人」，其修正前第二項規定：「前項受讓人對於出典人取得與典權人同一之權利」。法文僅列權利而未提義務，自應為擴張解釋，認為同一之義務，亦包括在內，又如刑法第二百七十一條：「殺人者，處死刑、無期徒刑或十年以上有期徒刑」，其中「殺人」二字，倘依文理解釋，必須有殺人的積極作為，始為殺人，但實際上有僅由於消極的不作為，亦可致人於死者，如乳母故意長時間不乳嬰兒，因而嬰兒致死，自不能不從擴張解釋而認為乳母殺人是。

㈡限縮解釋　亦稱縮小解釋，即法文字義失之過寬而與社會實情不符，不得不縮小其意義，以為解釋者是也。例如憲法第二十條：「人民有依法律服兵役之義務」之規定，其中「人民」二字如依文理解釋，應認為包括男女兩性，但實際上女子並無服兵役之義務，而立法原意自亦未將女性包括在內，從而應用限縮解釋為此人民僅指男子而言。又如民法第三十一條：「法人登記後，有應登記之事項而不登記，或已登記之事項有變更，而不為變更之登記者，不得以其事項對抗第三人」，此第三人應限縮解釋為善意第三人是也。

㈢當然解釋　當然解釋者，法文雖無明白規定，但揆諸事理，認為某種事項當然包括在內者之解釋法也。例如民法第三條有必須親自簽名之規定，則遇發行大量證券，用機械簽名，自亦當然有效。又如公園中常有「禁止攀折花木」之揭示，竹雖非花木，自亦當然在禁止攀折之列。又如刑法第二百六十二條規定吸食鴉片者有罪，倘不吸食而吞食亦當然有罪也。

㈣補正解釋　補正解釋者，對於法文之疏漏或錯誤予以補充或修正之解釋也。例如修正前民法第二百二十七條原有「債務人不為給付或不為完全之給付者，債權人得聲請法院強制執行。……」之規定，如純依文義解釋，則債務人一有不為給付或不為完全給付之情形時，債務人即得逕向法院聲請強制執行，其實強制執行非先取得執行名義（參照強制執行法第四條）不可，此處法文顯有疏漏，故不可不用補正解釋。惟此種解釋，無殊於新的立法，有害於法的安定性，故非遇法文有特別顯然之疏漏或錯誤時，則不可輕用也。然須注意，民法第二百二十七條於債編修正時業經修正，今就此條文已無為補正解釋之必要矣。

㈤反對解釋　反對解釋之情形有二：①對於法文所規定之事項，就其反面而為之解釋，謂之反對解釋。例如憲法第二十二條：「凡人民之其他自由及權利，不妨害社會秩序公共利益者均受憲法之保障」，如從反面解釋則凡妨害社會秩序公共利益者，自均不受憲法之保障。又如民法第八百六十條所規定抵押權之抵押物為不動產，從反面解釋則動產除法律（動產擔保交易法第一五條、海商法第三三條、船舶登記法第三條）另有規定外，自不得為抵押權之標的物也。②法文對於類似之甲乙兩事項初則同為規定，繼則僅對甲有規定，對乙無規定，此時吾人對乙如認為應與甲得相反之結果者，亦謂之反對解釋。例如民法第九十二條有「因被詐欺或被脅迫而為意思表示者，表意人得撤銷其意思表示……」之規定，其第二項則規定「被詐欺而為之意思表示，其撤銷不得以之對抗善意第三人」，是則對於詐欺與脅迫兩個類似之事項先於第一項為同樣之規定，而第二項則僅規定被詐欺之意思表示之撤銷不得對抗善意第三人，對於被脅迫之意思表示之撤銷如何則無規定，此時自應就前者之反面而解釋為得以之對抗善意第三人也。

㈥類推解釋　類推解釋者即對於法律無直接規定之事項，而擇其關於類似事項之規定，以為適用者是也，故亦稱類推適用，相當於我國舊律之比附援引，申言之，甲乙兩個類似事項，法律僅對甲有規定，對乙無規定，而吾人對於乙如認為應與甲得相同之結果時，即應用類推解釋。例如代理人簽名與民法第三條：「依法律之規定有使用文字之必要者，得不由本人自寫，但必須親自簽名」之規定不符，此時自應援用民法第五百五十三條：「稱經理人者，謂由商號之授權，為其管理事務及簽名之人」之規定以類推解釋之，而不能不認為代理人之簽名亦屬有效是。惟此種解釋，須特別慎重，凡關於人民權利義務得喪變更之重大事項當力求避免。尤以刑法因採罪刑法定主義之結果，關於此種解釋絕對不得採用，否則出入人罪，非等閒也。

又法文中每有「準用」字樣，其性質當如何？曰此亦上述類推適用之一種，所不同者類推適用未必法有明文，而準用則為法律所明定耳。蓋立法者為避免法文之重複而謀立法之便宜起見，特將某種事項明定準用其類似事項已有之規定者，所在多有，此即所謂「準用」是也，民法第四十一條：「清算之程序，除本通則有規定外，準用股份有限公司清算之規定」，即其適例。惟準用與單純之所謂適用不同，單純之適用乃法律明定關於某一事項之規定，直用於某一事項，如民法第八十七條第二項：「虛偽意思表示，隱藏他項法律行為者，適用關於該項法律行為之規定」是；而準用則並非對於所準用之規定完全適用，仍應依事項之性質而為變通之適用者是也。

論理解釋雖分以上六種，但概括言之，實不外為擴張（廣義的）與限縮二種而已，蓋擴張（廣義的）解釋之功用，在乎增大法文適用之分野，而前述之擴張（狹義的）、當然、反對、類推四種解釋，在方法上儘有不同，然以增大法文適用分野之功用繩之則無殊也，故此四者可合併而稱之為擴張（廣義的）解釋。其次限縮解釋之功用，在乎削減法文適用之領域，自不待言。至於補正解釋，其功用或補充疏漏或修正錯誤，要亦不離乎擴張（增）與限縮（減）之兩途也。

法律解釋之技術有文理與論理二者，已如上述，惟斯二者尚有若干共通之準則，茲附述如左：

(1)解釋之順序，應先之以文理解釋，而後論理解釋。

(2)解釋之結果，如文理解釋與論理解釋有衝突時，應以論理解釋為準。

(3)解釋之態度，對於抽象文字應從廣義解釋，蓋法諺有「法律無所區別者，不可加以區別」之說。例如法律上所謂「人」，除有特殊情形外自應解釋為自然人、法人、男女老幼等均包括在內，又如所謂「車」，如無特別規定時，則自應解釋為包括牛車、馬車、火車及汽車是也。但對於處罰或課人民以義務，或限制人民自由之法律，則應從狹義解釋，亦即所謂嚴格解釋。又例外法亦應從嚴格解釋（參照第四章第三節(二)），否則有失例外規定之旨。

第七章　法律之適用

第一節　法律適用之方式

法律適用者，即將抽象的法律規定，適用於具體的社會現象之謂也。換言之，對於某種具體事實，引用法律條文，使生某種法律效果之過程，即此之所謂法律適用也。此一過程之形成，須依論理學上之三段論法為之，即以法律為大前提，以事實為小前提，而推得其結論。如刑法規定殺人者處死刑（大前提），今某甲有殺人之事實（小前提），故某甲應處死刑（結論），即其適例。此種論法，日本學者稱之為「擬律」，在適用時，尚須循由下列步驟：①須確定事實之情形，認為在現行法上，係屬何種意義；②須審定該事實所應隸屬之法規；③然後就其所隸屬之法規，依上述論法，判定法律上之效果。舉例言之，如果甲因犯重婚罪而受刑之宣告，其妻某乙訴請離婚，並請求因離婚所受精神上之損害賠償，此一訴訟，當然係民事案件，而應適用民法，即引用民法第一千零五十二條第一項第一款之規定，准其離婚；如認定某乙確受有精神上之損害時，並應引用民法第一千零五十六條第二項，酌令某甲予以相當金額之賠償是也。不過上述之論法及應循之步驟，就形式上觀之，似甚簡單，然實際為之，則又不免困難滋多。蓋法文之真義，及事實之真相，往往不易確定，從而欲期法律適用之正確，及推得結論之公平，殊非易事。故如何始能確定法文之真義，及如何始能確定事實之真相，乃適用法律之前提也。前者屬於法律解釋之問題，已見前章茲不復贅；後者即事實確定問題，茲敘述如下。

依一般情形，關於事實之確定，均以證據為基礎，若俗語所謂「事出有因，查無實據」，是事實尚非確定，遑論法律之適用耶？惟世事紛繁，變化莫測，欲尋證據，談何容易，此法律所以有「凡主張有利於己之事實者，應負舉證責任」之規定也（民事訴訟法第二七七條參照）。不過證據真偽，甄辨唯艱，而時間一久，又湮滅堪虞，甚且根本無證可據者亦所在多有，是皆能直接影響於事實之確定，亦即間接影響於法律之適用，以此法律為避免舉證之煩難，或為公益之需要計，除原則上以證據為確定事實之基礎外，尚採取下列兩種方式：

㈠**推定**　所謂推定者，即對於某種事實之存在或不存在，因無顯明之證據，姑參考周圍之情事，或已知事之理，以推論定之者是也。例如民法第一千零六十三條第一項有：「妻之受胎，係在婚姻關係存續中者，推定其所生之子女為婚生子女」之規定，此種推定即依已知之事理而來。良以受胎之事，隱而不顯，雖受胎期間，法有規定，但其胎究否來自其夫，實不易有積極之證據，祇有依據母與其夫之婚姻關係及母子關係等之已確定之事實，而認為胎自夫來，從而推得「其所生子女為婚生子女」之結論。不過此種「推定」辦法，原為謀處理上之便宜而設，倘有反證，自可推翻。前例民法同條第二項上段有：「前項推定，夫妻之一方或子女能證明子女非為婚生子女者，得提起否認之訴」之規定，即其適例也。

㈡**擬制**　所謂擬制者，即基於公益上之需要，對於某種事實之存在或不存在，依據法的政策，而為之擬定也。凡法文中有「視為」之字樣者，即屬此種情形。擬制既係法政策上一種擬定，則縱與真的事實相反，亦不容舉反證推翻，此點與上述之「推定」，大不相同。申言之，即不問該事實之真相如何，關於法律之適用，總應以擬制之事實為基礎。例如民法第八十條有：「前條契約相對人（按即與限制行為能力人訂立契約之人）得定一個月以上之期限，催告法定代理人，確答是否承認。於前項期限內，法定代理人不為確答者，視為拒絕承認。」之規定，依一般情形，不為確答，究竟為承認乎？抑為拒絕乎？不無疑問，但法律為保護相對人起見，不問該法定代理人之原意如何，概以「拒絕」處理之。申言之，縱該法定代理人意在承認，但以於應回答之期間，而無回答故，亦視為拒絕也。

以上兩種方式，對於事實之確定上，裨益頗多，但以法有明文規定為限，非適用法律之機關所得任意為如此推定或擬制也。（此種推定亦稱「法律的推定」，而擬制亦稱為「法律上不動的推定」，均與司法官對於事實之推斷，所謂「事實的推定」不同）此外尚有「法定證據」者亦可以補證據之未逮，而有助於事實之確定。例如：民法第四條：「關於一定之數量，同時以文字及號碼表示者，其文字與號碼有不符合時，如法院不能決定何者為當事人之原意，應以文字為準」，所謂以文字為準者，即屬法定證據。不過此種證據，非經法院無法決定當事人之真意後，則不得採用也。

第二節　法律適用之原則

法律因適用機關之不同，其適用之原則亦異，通常法律之適用機關，以司法與行政機關為主，換言之，法律之適用雖不限於公權力之機關，即人民間日常適用法律，或學者間研究法律，亦不失為法律適用之一種，然而一般言之，則所謂法律適用者，當指有權力之國家司法或行政機關之適用而言也。司法機關以審理民刑事訴訟之普通法院為主，我國採三級三審制，分為地方法院、高等法院、最高法院三種。此外尚有行政法院，專司行政訴訟之審理，採二級二審制，由高等行政法院及最高行政法院職掌，自一百零一年九月六日起採三級二審制，於地方法院設立行政訴訟庭，審理行政訴訟簡易程序、保全證據、保全程序及強制執行等事件，並將不服交通裁決之事件，改由地方法院行政訴訟庭審理。另外也設置智慧財產法院，專業處理智慧財產案件，屬高等法院層級，綜合審理與智慧財產案件有關的民事訴訟、刑事訴訟及行政訴訟事件，並依自一百十年七月一日起施行之商業事件審理法，改組為「智慧財產及商業法院」，屬高院等級，採二級二審制，審理新臺幣一億元以上之商業事件。此外，復有少年及家事法院之設置，蓋以「清官難斷家務事」，非熟諳斯道者莫能勝任，故宜於專設，亦猶我國之勞資糾紛，依勞動事件法，由各級法院設立之勞動專業法庭審理之。依余所信社會益進化，則社會關係愈複雜，不獨其他事項，注重分工，即司法機關，亦應注重分工，如審理交通案件，應專設交通法院是，否則仍僅依現制，即僅分民刑事訴訟，恐不足以資肆應也。其次所謂行政機關，即指一般之行政機關而言。不過行政機關之適用法律，因其僅在於執行，故亦有謂為「法律之執行」者。但執行與適用其意義祇有廣狹之區分，而無本質之不同，故無嚴格區別之必要。

依上所述，法律之適用，既有司法機關與行政機關之分，則其適用之原則，自亦不同，茲分述如左：

第一、司法機關適用法律之原則

㈠不告不理　此為司法機關適用法律之重要原則，所謂不告不理者，即非經合法之起訴，則司法官縱明知有違法之案件，亦不能自動審理也。申言之，在民事須經原告之請求，或被告之反訴；在刑事須經檢察官之公訴，或被害人之自訴，司法官始得審理，否則無適用法律而為裁判之餘地。蓋不如此，則司法官越俎代庖，必增加人民之訟累，以致在民事，則各當事人雖欲息事寧人，而不可得；在刑事，則檢察官因刑事政策之需要，雖欲為不起訴處分，而亦落空，此種情形，於社會之安定上，影響殊多，語云：「私不舉官不究」，用意在此，故司法官不可不遵守不告不理之原則也。

㈡一事不再理　凡案件一經判決，即有確定之效力，為判決之法院，對於同一案件，即不得再予審理。而當事人對於已受判決之事項，亦不得再行起訴。不過判決須經過上訴期間（參照民訴法第四四〇條，刑訴法第三四九條）而未上訴時，始可發生判決確定之效力。但以特定原因，對於確定判決仍得聲請再審（參照民訴法第四九六條以下，刑訴法第四二〇條以下），或提起非常上訴者（參照刑訴法第四四一條以下），乃其例外也。

㈢不得拒絕審判　司法官須「有求必應」，不得藉口法律之不明或不備而拒絕審判。因拒絕審判，無異於無條件的宣告原告之敗訴，殊非情理之平。況近世法治國家，對於法律關係，多不許自力救濟，必須受國家之最終判定，以期人民權利有所保障，社會秩序得以維持，故司法官無拒絕審判之餘地，法國民法第四條且有：「裁判官如以法律之不明或不備為口實而拒絕裁判時，應負拒絕裁判之罪責」之明文；我憲法第十六條亦有：「人民有請願、訴願，及訴訟之權」之規定，可知訴訟既為人民之一種公權，則司法官自不得剝奪之。惟法律終屬抽象規定，而一旦適用於千變萬化之具體事件時，則不明不備，勢所難免，倘遇此種情形，司法官既不得拒絕審判，果應如何處理？其原則如下：

⑴遇法律規定不明時，法官應運用解釋技術，以確定其意義而適用之。

⑵遇法律不備時，由於民事、刑事之不同，而異其適用，即：關於民事案件，則應依民法第一條：「民事，法律所未規定者，依習慣，無習慣者，依法理」之規定，而為裁判，蓋一般法例關於民事大都容許類推適用也。至關於刑事，即應宣告無罪，我刑法第一條有：「行為之處罰，以行為時之法律有明文規定者為限」之規定，是即揭明罪刑法定主義之要旨，而不許比附援引，以出入人罪也。

㈣不得拒絕適用法律　司法官有適用法律之義務，無拒絕適用法律之權力，即不得以法律之不善不正為藉口而拒絕適用。蓋法律之正當與否，乃屬於立法權之範圍，非司法者所宜過問，否則有背立法司法分立之體制，況不善不正亦無一定之客觀標準，若允許司法官有審查法律之權，則國家法律之效力，一任司法官個人之取捨，其流弊何堪設想，故司法官祇有適用法律之義務，而無拒絕適用之權力也。惟應注意者，對於與憲法相牴觸之法律，是否得拒絕適用？向有三種見解如下：

⑴法律之實質違反憲法時，得拒絕適用：所謂實質違憲者即該法律所規定事項之內容，與憲法所規定者有所牴觸是也。例如，憲法規定「各民族一律平等」，倘某法律之內容因民族之差別而有不平等待遇之規定時，此種法律，司法官得拒絕適用。惟法律之實質違憲與否，乃憲法解釋問題，不應由司法官認

定，以免動輒藉口法律違憲，而濫予拒絕適用。

⑵法律之形式違反憲法時，得拒絕適用：所謂形式違憲者，即法律制定公布之方式，有所欠缺，而與憲法中之規定不符是也。例如我憲法第一百七十條規定：「本憲法所稱之法律，謂經立法院通過，總統公布之法律」。倘某法律尚未經立法院通過，或已通過而尚未經總統公布，則與憲法之規定不合，司法官自得拒絕適用也。

⑶法律無論實質違憲或形式違憲，均得拒絕適用：此種見解係著眼憲法為國家根本大法，自應特別維護其尊嚴，故授司法官以廣泛的審查權也。

以上三種情形，我國則從第二種，即法律實質是否違憲，應由司法院之大法官會議解釋，將來則是由憲法法庭審理之，一般司法官除法律形式違憲得拒絕適用外，凡未經司法院宣布無效之法律，均不得拒絕適用，惟法官於審理案件時，如對於法律之適用依其合理確信，認為有牴觸憲法疑義時，自應許其先行聲請解釋憲法以求解決，過去業經司法院釋字第三七一號解釋在案，將來則可以憲法訴訟法第五十五條聲請解釋。又與憲法或法律不相牴觸之有效規章，亦不得排斥不用，蓋近世盛行委任立法制度，各行政機關多制定補助法律施行之命令，如規程、規則、細則、辦法、綱要、標準及準則等，司法官亦均應予以適用，此觀於大法官會議釋字第三十八號解釋：「所謂依據法律者，係以法律為審判之主要依據，並非除法律以外與憲法或法律不相牴觸之有效規章，均行排斥而不用」，便知矣。

㈤**審判獨立**　所謂審判獨立者乃指司法官審判案件，不受任何外力干與，而影響其審判意旨者而言。非惟不受行政機關之干涉，即上級法院亦不得干涉。至其所下之裁判，僅得依照法定程序，以上訴或抗告之方法，予以撤銷或變更，否則無礙其效力。我憲法第八十條：「法官須超出黨派以外，依據法律獨立審判，不受任何干涉」及實任司法官非有法定原因不得將其免職、停職、轉任、調動、降級、減俸（司法人員人事條例第三二條至第三七條），即旨在保障法官獨立審判也。

㈥**審判須在法庭**　法官審判案件，應在法院內開庭，不得隨地屬之。古人聽訟於棘木之下，取其外刺而裏直，以象徵正義，於今時代文明，雖不須藉重何種象徵，然法律之公正尊嚴，仍不能不加以維護。倘任司法官隨地審判，則非惟法律之尊嚴不能確保，即司法官亦難免遭受影響，而不得為公正之判矣。故我法院組織法第八十四條有：「法庭開庭，於法院內為之」之規定。至於同法第八十五條載：「高等法院以下各級法院或分院於必要時，得在管轄區域內指定地方臨時開庭」，乃屬例外之規定也。

第二、行政機關適用法律之原則

㈠**適用法律，應無待請求**　行政機關適用法律，與司法機關不同，即不得採取不告不理原則，故不論人民請求與否，均須適用。申言之，應適用者雖無人民請求，亦須適用；不應適用者雖有人民請求，亦不得適用，此種自動的依其職權適用法律，乃行政機關之本質也。不過有時亦有基於當事人之請求，而始被動的適用法律，如法令規定須經人民請求，始得為某種措施者，即不得不待其請求也。

㈡**適用法律，得自由裁量**　行政機關適用法律得自由裁量，此與司法官拘謹的依據法律而適用者不同。蓋社會事態，變化多端，法律條文，究難羅列，倘不予以行政機關以廣泛的裁量權，則無由應付現實，致法律窒礙難行矣。故行政機關於不牴觸法律之範圍內，得自由裁量，此亦行政機關之性質使然也。

㈢適用法律，受指揮監督　行政機關適用法律，須受上級之指揮監督，此與司法官之獨立審判不同。蓋指揮監督，下級服從上級，以貫徹行政秩序，乃行政機關之特色。依我公務員服務法第二條規定：「長官就其監督範圍以內所發命令，屬官有服從之義務；但屬官對於長官所發命令，如有意見，得隨時陳述」。可知下級行政官對於上級之命令必須服從；如認為有不法或不當之處，得陳述意見，請求核示，倘未被採納，仍應照原令執行。惟現行公務人員保障法第十七條就此更詳為規定：「公務人員對於長官監督範圍內所發之命令有服從義務，如認為該命令違法，應負報告之義務；該管長官如認其命令並未違法，而以書面署名下達時，公務人員即應服從，其因此所生之責任，由該長官負之。但其命令有違反刑事法律者，公務人員無服從之義務。前項情形，該管長官非以書面署名下達命令者，公務人員得請求其以書面署名為之，該管長官拒絕時，視為撤回其命令。」

㈣適用法律，得頒布命令　司法官祇能適用法律，不能自行制定法規，行政機關則不然，於適用法律時得發布執行命令。蓋法律之規定，多為原則性，適用時倘不制定詳細辦法，勢必如牛刀割雞，不切實際，而無從收得其效果，因而一般通例，行政機關為適用法律之完善計，得另行制定執行命令，例如規程、規則、細則、辦法、綱要、標準、準則等是也。

第八章　法律之制裁

第一節　法律制裁之意義

法律之制裁者，乃國家為確保法律之效力，而對於違法者，所加之惡報也。玆依此意義，分析說明如下：

㈠**法律制裁者惡報也**　惡報對於善報而言，善報所以勸善，惡報旨在罰惡，善報，人樂之，惡報，人畏之。法律因人有畏懼惡報之心理，乃設有種種制裁，俾未違法者，有所忌憚，而不敢嘗試；已違法者，遭受懲罰，而不敢再犯，然則法律之制裁，雖係一種惡報，而其目的卻不惡也。

㈡**法律制裁者對於違法者所加之惡報也**　法律制裁既係一種惡報，則必須加諸違法之輩，對於守法者固不能妄加，即對於僅違反道德規範，或僅違反宗教規範者，亦不能加，蓋違反道德規範，自有道德之制裁，違反宗教規範，自有宗教之制裁，法律殊不應越俎代庖也。以此可知，法律制裁之對象，厥惟違法者是已。不過所謂違法者並不以自然人為限，即國家及其他法人亦包括在內。又違法須有違法之事實，始能構成法律制裁之原因，例如：有配偶而重為婚姻者，始構成重婚罪，而應受五年以下有期徒刑之制裁是也。惟一種違法事實，並不限於僅受一種之制裁，即同一事實同時須受各種制裁者，亦事所恒有，例如公務員之違法事實，即可能同時遭受懲戒、科刑、及損害賠償之三種制裁也。

㈢法律制裁者國家所加之惡報也　此種惡報須由國家所加，並非任何個人所得施使，蓋居今文明之世，私人復仇，已非法之所許，一切對違法之制裁，唯有公權力是賴，因而制裁權為國家所專有，國家乃行使制裁權之主體，雖有時法律上仍規定於某種情形下，容認私人以自力救濟，然究屬不得已之例外，且既係法律所規定，則縱非國家直接之制裁，亦國家間接之制裁也。故法律之制裁，原則上須由國家行使之。

㈣法律制裁者國家為確保法律之效力，所加之惡報也　制裁為一種手段，其本身並非目的，確保法律之效力乃其目的。蓋國家頒行法律，期在人人遵守，以維公共秩序，因此對於作奸犯科，或其他破壞法律秩序者，必須加以制裁，否則法律之效力不能確保，何取乎有此具文？

由於上述各項可知，法律制裁係一種手段，其目的在乎確保法律之效力，行使制裁權者為國家，制裁之對象，則為違法者，至於制裁之種類，可因其所依據法律之不同，而分為刑事制裁、行政制裁、民事制裁，及國際制裁四種，茲分節敘述如後。

第二節　刑事制裁

刑事制裁者依據刑事法律所加之惡報也，換言之，國家對於犯罪者所為之處罰，是謂刑事制裁，亦稱刑罰。刑事制裁所依據之刑事法律雖不以刑法為限，即特別刑事法（如陸海空軍刑法）及其他法律中有關刑罰規定之部分，亦包括在內，然而刑事制裁之方法，則均適用刑法之規定。

我國向有五刑之傳統觀念，在唐虞三代為墨、劓、剕、宮、大辟，隋唐以後則為笞、杖、死罪、徒、流，現行刑法之主刑亦為死刑、無期徒刑、有期徒刑、拘役及罰金五種，仍不離乎傳統五刑之觀念，祇主刑外尚有從刑三種耳，茲先列表如下，然後逐一說明。

刑事制裁
- 刑（刑法第32條）
  - 主刑（第33條）
    - 死刑……生命刑
    - 無期徒刑（終身）……自由刑
    - 有期徒刑（二月以上，十五年以下，得減至二月未滿，或加至二十年）……自由刑
    - 拘役……（一日以上，六十日未滿，得加至一百二十日）……自由刑
    - 罰金……（新臺幣一千元以上，以百元計算之）……財產刑
  - 從刑（第36條）
    - 褫奪公權……資格刑
- 沒收（刑法第38條以下）

㈠死刑　死刑亦稱生命刑，即剝奪犯人生命之刑也，雖其執行方法有斬首、絞殺、槍斃、電死等之不同，而置之於死則一也。死刑在今刑罰中為最重者，亦最殘酷者，故其應存應廢，學說上議論既多，制度上差異亦有。以學說言之，則主張廢止死刑者，謂刑罰原以促人悔過，以達到預防犯罪為目的，受死刑宣告之人，縱欲改過遷善，已不可得，徒喪國家之元氣，無裨於社會。況死者既不可復生，則萬一科

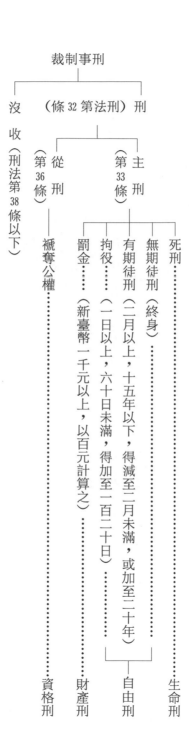

刑失當，將何以補救？故當今文明之世，此種殘酷而不免流弊之刑罰，實不宜復存也。若謂死刑之目的在乎使犯人與社會隔離，則長期禁錮足矣，何必不置諸死地不已耶？主張存留死刑者則謂罪大惡極之輩，甚少非怙惡不悛之徒，國家對此種害群之馬，若不予以根除，則何以懲惡勸善？況長期禁錮，既不免有乘機脫逃之虞，復不免有坐糜廩粟之害，故死刑之不可廢也明矣。兩說雖各言之成理，然在事實上關於死刑之存廢仍應視其國家之社會秩序及文化程度如何，以決定之，否則徒務理論，則難免有不良之後果也。現由各國之實際制度觀之，有完全廢止死刑者如瑞士、瑞典、葡萄牙，及荷蘭等國是；有仍存留死刑者，如日本、美國、新加坡等國是；義大利雖為廢止死刑最早之國，但當墨索里尼執政時又予恢復，現則是廢除死刑；英國本為存留死刑之國，但其國會下院今已通過廢止死刑之議案（據四十五年二月十八日中央日報刊載），我國雖尚有死刑之存在，然刑法中關於死刑適用之範圍，則已非常縮小，除未滿十八歲少年及八十歲以上老人不許處以死刑外，其為絕對死刑之罪者，過去僅有犯海盜罪而有致人於死，或有結合放火、強制性交、擄人勒贖或故意殺人（刑法舊第三三三條第三項及第三三四條）之情形，現今則廢除唯一死刑之規定，加進無期徒刑或有期徒刑之選項，其餘則多無死刑之設，有之亦不過為相對之死刑（死刑與徒刑可以選科者）而已。且死刑不僅適用之範圍縮小，即執行之方法亦極端慎重，例如諭知死刑之判決確定後，檢察官不得逕予執行，應速將該案卷宗，送交司法行政最高機關，得其令准，始得執行（刑訴法第四六〇及四六一條）是。所以如此者以案關極刑，司法行政最高機關允宜詳加審查有無請求特赦之理由及是否具備再審或非常上訴之原因，而為適當之處置，所謂「失入寧失出，須當念切於無辜，過義寧過仁，務必心存其不忍」乃人道之宜然，若「寧可錯殺一千，不可錯放一個」之謬論，祇可謂之暴政，不足語於文明國家之林也。

㈡**無期徒刑**　無期徒刑，為自由刑之一種，即終身剝奪犯人自由之刑罰也。其存廢之爭論亦多，主張廢止者謂：無期徒刑一經執行，即與世永隔，其殘酷不下於死刑，且因犯人壽命之長短，其結果亦難免不平，故無期徒刑不應保存也。然宣告無期徒刑者，並非以絕對無限期拘禁為前提，倘其情節可原或已知悛悔，則有赦免假釋之法，不患無促其自新之路，故刑法仍未廢止無期徒刑，惟其適用範圍，亦盡量求其縮小耳，刑法有未滿十八歲或滿八十歲人犯罪者，不得處無期徒刑（刑法第六三條）之規定，即縮減其適用範圍之適例也。

㈢**有期徒刑**　有期徒刑，亦為自由刑之一種，即在一定之期間內，監禁犯人，使失去其自由者也。有期徒刑在刑法上適用範圍較廣，居於最重要地位，其期間之長短，各國立法例不同，其最長者三十年，如烏拉圭是；其最短者為七年，如加拿大是，我國刑法以十五年為最長期，二月為最短期，但得加至二十年，或減至二月未滿。

㈣**拘役**　拘役亦為自由刑之一種，其與有期徒刑之異點有二：⑴拘役之期間較短，依刑法之規定拘役為一日以上，六十日未滿，即加重時，亦祇能加至一百二十日，與有期徒刑之期間迥不相同，⑵拘役不生累犯問題，依刑法之規定，受有期徒刑之執行完畢，於五年以內再犯有期徒刑以上之罪者，為累犯，加重本刑至二分之一，但受拘役之執行者，則不構成累犯之條件。至於拘禁於監獄，命服勞役，則為兩者之所同也。

㈤**罰金**　罰金為一種財產刑，我刑法以之為主刑之一，於總則中規定其最少額為新臺幣一千元以上，以百元計算之，而最多額則無明文，於分則中規定流放毒物罪得併科一千五百萬元以下之罰金（刑法第一九〇條之一第二項）為現行刑法中明文之最高額；但總則第五十八條有「科罰金時，……並應審酌犯罪行為人之資力及犯罪所得之利益。如所得之利益超過罰金最多額時，得於所得利益之範圍內酌量加重」之規定，則最高額實不以一千五百萬元為限也。刑法科罰金之方法有四：①專科罰金：如刑法第一百四十八條：「於無記名之投票，刺探票載之內容者，處九千元以下罰金」是；②選科罰金：如刑法第一百五十八條：「冒充公務員而行使其職權者，處三年以下有期徒刑、拘役或一萬五千元以下罰金」是；③併科罰金：如刑法第一百二十九條：「公務員對於租稅或其他入款，明知不應徵收而徵收者，處一年以上七年以下有期徒刑，得併科二十一萬元以下罰金」是；④易科罰金：如刑法第四十一條第一項：「犯最重本刑為五年以下有期徒刑以下之刑之罪，而受六月以下有期徒刑或拘役之宣告者，得以新臺幣一千元、二千元或三千元折算一日，易科罰金。……」是也。

㈥褫奪公權　褫奪公權者，乃國家對於犯人剝奪其公法上之權利能力之謂也，故稱能力刑，又因所剝奪者為一定之資格，故亦稱資格刑，亦有稱為名譽刑者，褫奪公權亦為從刑。依刑法第三十六條之規定，褫奪公權者，褫奪下列資格：

⑴為公務員之資格：公務員首重品位，罪人不宜為之。

⑵為公職候選人之資格：凡政府機關或自治團體之公職人員由法律定其候選之資格者屬之，此等職位亦以品德為重，其人既已犯罪，自應剝奪其資格也。

以上係褫奪公權之範圍，至褫奪公權之宣告，應於裁判時一併行之，並自裁判確定時發生效力（刑法第三七條第三、四項），其情形可分下列二種：

(1)終身褫奪：宣告死刑或無期徒刑者宣告褫奪公權終身（刑法第三七條第一項）。

(2)有期褫奪：宣告一年以上有期徒刑，依犯罪之性質認為有褫奪公權之必要者，宣告褫奪公權一年以上十年以下，並自主刑執行完畢或赦免之日起算，但同時宣告緩刑者，其期間自裁判確定時起算之（刑法第三七條第二、五項）。

(七)**沒收**　沒收為具獨立性之刑法效果，依刑法第三十八條、第三十八條之一之規定，下列物沒收之：

(1)違禁物：指一切法令禁止私人自由製造或持有之物而言，如鴉片及私藏之軍用槍械等是。

(2)供犯罪所用、犯罪預備之物或犯罪所生之物：前者為實施犯罪所用之物，如殺人凶器；供犯罪預備之物為著手準備實施犯罪之物，如欲擄人勒贖所準備之手槍、汽車等是；後者為實施犯罪所衍生之物，如偽造文書所生之假文書。

(3)因犯罪所得之物、財產上利益及其孳息：犯罪所得之物，如賄賂所受之財產、賭博所得之金錢；犯罪所得之財產上利益，包括積極利益及消極利益，前者如：占用他人房屋之使用利益、收受賄賂所得之性招待利益，後者如：法定應建置設備而未建置所減省之費用。

上述三種物品雖均在沒收之列，但仍有差異，即在(1)之情形，由於違禁物本身即具社會危害性，不問屬於犯罪行為人與否均沒收之（刑法第三八條第一項），以免貽害於社會。在(2)之情形，則以屬於犯罪行為人者為限得沒收之（刑法第三八條第二項本文）。在(3)之情形，例如公務員所收受之賄賂，固得沒收，而強盜劫取之物，則須歸還原主。否則沒收不屬於犯人之物，於第三人之權利則不免侵害，法不應如此，惟犯罪行為人以外之自然人、法人或非法人團體因明知他人違法行為而取得、因他人違法行為而無償或以顯不相當之對價取得，乃至於犯罪人為他人實行違法行為，他人因而取得者，亦得沒收（刑法第三八條之一第二項）。但有特別規定者，仍得從其規定（準用刑法第三八條之一第一項但書，「蓋亦同」也是準用的一種法條文字用法），例如當場賭博之器具與在賭檯兌換籌碼處之財物，不問屬於犯人與否沒收之（刑法第二六六條第二項）是也。

刑法第三十八條之物及第三十八條之一之犯罪所得之所有權或其他權利，於沒收裁判確定時移轉為國家所有；第三人對沒收標的之權利或因犯罪而得行使之債權均不受影響；沒收裁判，於確定前，具有禁止處分之效力（刑法第三八條之三）。

沒收非從刑，不必然附隨於裁判為之。違禁物或專科沒收之物，得單獨宣告沒收（刑法第四十條第二項）。專科沒收如犯刑法第六十一條所列之罪，而免除其刑者，其與犯罪有關之物，有時仍有沒收之必要，故得專科。此外，因事實上或法律上原因未得追訴犯罪行為人之犯罪或判決有罪者，例如，犯罪行為人死亡、曾受判決確定而受不起訴處分或不受理、免訴判決者；因心神喪失或疾病不能到庭而停止審判者，亦得單獨宣告沒收（刑法第四十條第三項），惟此單獨宣告沒收程序之規定，以無法確認犯罪行為人刑罰權程序存在為前提。

(八)追徵、追繳與抵償　追徵、追繳與抵償是沒收之替代措施，是當沒收不能實行時之補充處分。由於三者難以區分，故我刑法在一百零四年十二月三十日修正時，僅留下追徵處分。而在特別刑法如組織犯罪防制條例第七條、毒品危害防制條例第十九條亦均已修正為沒收，而貪污治罪條例第十條則將來源可疑之財產視為犯罪所得，依刑法予以沒收或追徵。

上述之各種刑罰，均由國家行使，屬於公力制裁，此外刑法上尚有所謂正當防衛者，允許私人以自力救濟，亦不失為制裁之一種。依刑法第二十三條：「對於現在不法之侵害，而出於防衛自己或他人權利之行為不罰；但防衛行為過當者，得減輕或免除其刑」之規定，則正當防衛之要件有四：

㈠須對於現在之侵害　侵害乃權利感受危害之謂，現在云者非過去，亦非未來，而為迫於眉睫之侵害狀態也。若對於過去侵害之復仇，或對於未來侵害之先發制人，則非屬正當防衛，仍為犯罪行為。

㈡須對於不法之侵害　不法者違法之謂，違法對於合法而言，若警察之依法逮捕犯人，則屬於合法行為，不得為正當防衛，而拒捕也。

㈢須出於防衛自己或他人權利之行為　權利之範圍無限制，無論生命、身體、自由、財產等權利，均在得為防衛之列，而權利之主體亦不限於自己，即他人之權利，亦許為防衛，所以獎俠義勸互助也。

㈣須其防衛行為不過當　不過當者，即不得超過適當程度之謂，如對於殺己者已奪得其刀，而反殺之，則為過當，又如有人登樹盜果，加以驅逐即可，若必開槍擊斃，則為過當，不得主張正當防衛也。

以上四種要件具備，則完全阻卻其違法性，其效果應為不罰，法律所以如此規定者，以急迫之侵害，公力救濟，唯恐不及，若不許私人以腕力救濟，則不僅於受害人本身不利，於社會秩序之破壞亦難免擴大也。至於刑法上尚有所謂緊急避難者乃非以他人之不法侵害為前提，縱法律上亦容許避難行為，但非予違法者以自力制裁，不能與正當防衛相提並論也。

第三節　行政制裁

行政制裁，乃對於違反行政法規，或行政處分者所加之惡報也。此種制裁所依據之法律為行政法，故亦稱行政法上之制裁。行政制裁因制裁之對象不同，可分為：對公務人員之制裁，對行政機關之制裁，及對於一般人民之制裁三種，茲分述之。

第一、對公務人員之制裁

公務人員與國家之關係，為公法上之一種特別權力關係。所謂公法上特別權力關係者，乃別於一般統治關係而言，申言之，即由於特別的法律原因，當事人之一方，對於相對人，在一定之範圍內，有命令強制之權，從而相對人負有服從義務之權力服從關係是也。此種公法上特別權力關係，種類甚多，公務人員之關係，屬於其中之一，依此關係，則公務人員對國家之法令有服從之義務，倘有違反（如違法，廢弛職務，或其他失職行為等），國家可加以制裁，是為國家之懲戒權，而被懲戒者稱為懲戒犯，依懲戒權所科之制裁謂之懲戒罰，懲戒罰雖亦為一種處罰，似與刑罰無異，然其目的在維持官紀，其對象為公務人員，其處罰原因限於公務人員之違反義務之行為，故與刑罰之以維持社會秩序為目的，以一般人民為其處罰之對象，並以一切社會秩序之危害，為其處罰之原因者，全不相同。懲戒罰之種類，依我國公務員懲戒法（民國一百零九年六月十日全文修正）之規定，有如左表：

懲戒
- 淘汰懲戒
  - 一、免除職務
  - 二、撤職
- 矯正懲戒
  - 三、剝奪、減少退休（職、伍）金
  - 四、休職
  - 五、降級
  - 六、減俸
  - 七、罰款
  - 八、記過
  - 九、申誡

㈠免除職務　免除職務，免其現職，並不得再任用為公務員。此種懲戒，為懲戒罰中之最重者。

㈡撤職　撤職，撤其現職，並於一定期間停止任用；其期間為一年以上、五年以下。此項撤職人員，於停止任用期間屆滿，再任公務員者，自再任之日起，二年內不得晉敘、陞任或遷調主管職務。

㈢剝奪、減少退休（職、伍）金　⑴剝奪退休（職、伍）金，指剝奪受懲戒人離職前所有任職年資所計給之退休（職、伍）金或其他離職給與；其已支領者，並應追回之。⑵減少退休（職、伍）金，指減

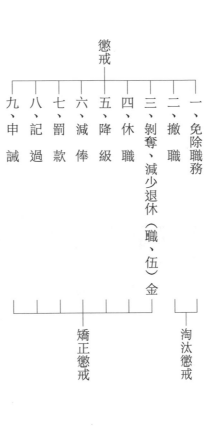

少受懲戒人離職前所有任職年資所計給之退休（職、伍）金或其他離職給與百分之十至百分之二十；其已支領者，並應追回之。

㈣**休職**　休職，休其現職，停發俸（薪）給，並不得申請退休、退伍或在其他機關任職；其期間為六個月以上、三年以下。休職期滿，許其回復原職職務或相當之其他職務。自復職之日起，二年內不得晉敘、陞任或遷調主管職務。

㈤**降級**　降級，依受懲戒人現職之俸（薪）給降一級或二級改敘；自改敘之日起，二年內不得晉敘、陞任或遷調主管職務。如無級可降者，按每級差額，減其月俸（薪）；其期間為二年。

㈥**減俸**　減俸，依受懲戒人現職之月俸（薪）百分之十至百分之二十支給；其期間為六月以上、三年以下。自減俸之日起，一年內不得晉敘、陞任或遷調主管職務。

㈦**罰款**　罰款，其金額為新臺幣一萬元以上、一百萬元以下。

㈧**記過**　記過，自記過之日起一年內，不得晉敘、陞任或遷調主管職務。一年內記過三次者，依其現職之俸（薪）級降一級改敘，無級可降者，準用第十五條第二項之規定。

㈨**申誡**　申誡，以書面為之，乃懲戒罰之最輕者。

上述㈢至㈨之七種懲戒，其目的在督促被懲戒者之反省，使其勿再蹈前愆，故謂之矯正懲戒。

掌理公務人員懲戒之機關，為直屬於司法院之公務員懲戒委員會。如監察院認為公務員有違法失職情事，應付懲戒時，應將彈劾案連同證據，移送公務員懲戒委員會審理；各院、部、會首長，省、直轄市、縣（市）行政首長或其他相當之主管機關首長，認為所屬公務員有違法失職情事時，亦應備文敘明事由連同證據，送請監察院審查，但對於所屬薦任第九職等或相當於薦任第九職等以下之公務員，得逕送公務員懲戒委員會審理，此雖均為公務員懲戒法所明定，但除此公務員懲戒法上懲戒處分外，各級長官仍得自為懲戒。

其次，上述之各項懲戒罰，係對於一般公務員而設，至於對於軍官之懲戒，則另有陸海空軍懲罰法（民國十九年十月七日公布，最近一次修正為一百零九年八月五日發布），依該法所定之懲戒，分為軍官懲罰、士官懲罰及士兵懲罰三種，大致與一般公務員之懲戒相同。

第二、對行政機關之制裁

行政權之活動範圍，極為廣泛，而其所適用之法規亦極為紛繁，因此行政機關為行政行為時，難免有不當及違法等情事，對此倘無適當之制裁方法，則人民之權利利益橫遭損害，殊非法治國家應有之現象，故國家對行政機關（亦即等於對國家自身）之行政處分，如有不當或違法時，設有左列之制裁，以資救濟，故亦稱行政救濟。

㈠**撤銷原處分**　撤銷原處分者，即認為原處分為不當或違法，而由有權之機關，予以撤銷，使之失效是也，可分下列兩種方式：

⑴由於職權之撤銷：行政機關之特色，在乎下級須受上級之監督，倘上級機關發見下級之行政處分有不當或違法情事，自可本其監督權之作用，無待任何請求，而自動的將其撤銷，則原官署所為之處分，

即失效矣。

⑵由於聲請之撤銷：由於聲請之撤銷者，即對於不當或違法之行政處分，經過受害人依法提起訴願，或行政訴訟，始予以撤銷者是也。其中依訴願而撤銷者，係由受理訴願之官署以「決定」方式為之，依行政訴訟而撤銷者，係由行政法院以「判決」方式為之，但後者僅以違法之行政處分為限，至於不當之行政處分則不得提起行政訴訟也。

㈡變更原處分　變更原處分者，即認為處分之一部為不當或違法而由有權之機關予以變更者是也。變更之方式與上述之撤銷同，惟茲所謂變更，不包括對訴願人或提起行政訴訟人為不利益之變更在內，蓋較原處分為更不利之變更，則不成為對行政機關之制裁也。

㈢損害賠償　損害賠償者，係行政機關因其不法之行政處分，致人民受損害時而為之賠償也。惟行政機關，不過係一種無形之組織，其本身並不能活動，所有之行為均為公務員所為，則行政機關是否應直接負賠償責任？學說上頗有爭執，但依我憲法第二十四條規定：「凡公務員違法侵害人民之自由或權利者除依法律受懲戒外，應負刑事及民事責任，被害人民就其所受損害，並得依法律向國家請求賠償」，及國家賠償法第二條第二項規定：「公務員於執行職務行使公權力時，因故意或過失不法侵害人民自由或權利者，國家應負損害賠償責任。公務員怠於執行職務，致人民自由或權利遭受損害者亦同。」可知不法之行政處分雖為公務員所為，國家亦應負賠償責任也。又依土地法第六十八條第一項規定：「因登記錯誤遺漏或虛偽致受損害者，由該地政機關負損害賠償責任」，則更具體指出應由行政機關負責矣，至於此項損害賠償如何始能實現？依我行政訴訟法第七條：「提起行政訴訟，得於同一程序中，合併請求損害賠償……」之規定，則如有損害，於行政訴訟時，附帶請求即能達到目的。惟行政上損害賠償與損失補償不同，前者以不法行政行為之存在為前提，係屬一種制裁；後者則係由於法律上正當原因，所加於人民財產上之損失，為彌補此項損失計，而予以補償，兩者性質迥異，不可混同也。

第三、對一般人民之制裁

國家對於一般人民違反行政法規或行政處分時亦須加以制裁，此種制裁可分為行政罰與行政上之強制執行兩項，茲分述之：

甲、行政罰

行政罰亦稱秩序罰，處罰之對象為行政犯。行政罰有廣義與狹義之分，廣義之行政罰包括前述之懲戒罰及後述之強制執行中之執行罰在內；狹義之行政罰則僅指基於一般統治關係對於過去違反義務者之處罰而言，與基於特別權力關係所科之懲戒罰不同，與使將來實現義務為目的之執行罰亦異。

又我國對於違反行政法上義務者之處罰規定，散見於各行政法律及自治條例，其處罰名稱、種類不一，裁處程序及標準互異，且因缺乏共通適用之法律，致得否類推適用刑法總則或其他刑事處罰法律規定，或引用其等之法理，理論不一，見解分歧，目前實務上雖賴司法院解釋、行政法院判例或判決及行政解釋作為依循，惟常因時空變遷或具體個案之考量，致屢生爭議。爰參考德國、奧地利等國立法例，制定行政罰法（九十四年二月五日公布，九十五年二月五日施行，一百年十一月二十三日修正），其立法重點如下：

一、明定本法之適用範圍，限於違反行政法上義務而受罰鍰、沒入或其他種類行政罰之處罰（此又可分為：限制或禁止行為之處分，剝奪或消滅資格、權利之處分，影響名譽之處分，警告性處分四大類），不包括行政刑罰、懲戒罰及執行罰在內；並將本法定位為普通法，其他法律有特別規定者，應優先適用。（行政罰法第一、二條）

二、明定機關與人民均得為受處罰對象。（同法第三條）

三、揭示「處罰法定主義」、「從新從輕」及「屬地主義」等原則。（同法第四至六條）

四、採「有責任始有處罰」原則，明定「責任條件」、「責任能力」、「不作為之責任」及「免責事由」。（同法第七至一三條）

五、明定「共同違法」之處罰，及「併同處罰」之各種類型。（同法第一四至一七條）

六、明定裁處之審酌及加減。（同法第一八條）

七、採「微犯不舉」之便宜主義。（同法第一九條）

八、明定不當得利之追繳。（同法第二〇條）

九、明定沒入、擴大沒入及追徵沒入之類型。（同法第二一至二三條）

十、明定「一事不二罰」之原則與例外。如另觸犯刑事法律時，採「刑事優先」原則，進一步保障人權。（同法第二四至二六條）

十一、建立「裁處權時效」制度。（同法第二七、二八條）

十二、明定地域管轄、共同管轄及管轄權競合之處理方式與移送管轄之規定。（同法第二九至三二條）

十三、明確規範裁處程序及方式，包括即時處置、物之扣留之實施及救濟，與陳述意見、聽證及裁處書之製作送達等規定。（同法第三三至四四條）

十四、明定過渡條款及施行日期。（同法第四五、四六條）

行政罰舉其較重要者有左列兩種：

㈠警察罰　凡違反警察義務，而應行處罰者，謂之警察犯，對於警察犯所科之處罰，是為警察罰。警察罰之依據為社會秩序維護法，依該法之規定，其種類如左表：

警察罰
- 主罰
  - 拘留（一日以上，三日以下，遇有依法加重時合計不得逾五日）……自由罰
  - 申誡（以書面或言詞為之）……精神罰
  - 罰鍰（新臺幣三百元以上，三萬元以下，遇有依法加重時，合計不得逾新臺幣六萬元）……財產罰
- 從罰
  - 沒入
    - 查禁物
    - 因違反本法行為所生或所得之物，以屬於行為人所有者為限
    - ……財產罰
  - 停止營業（一日以上二十日以下）……營業罰
  - 勒令歇業……營業罰

(1)拘留：拘留為拘束行為人身體自由之處罰，其目的首在激發行為人之羞恥心，以期改善其惡性，

其次始含有使受痛苦之作用。例如散佈謠言，足以影響公共之安寧者，即可處以三日以下之拘留（社會秩序維護法第六三條第一項第五款）。

(2)申誡：申誡者，即對於行為人加以申斥誥誡之謂，雖為最輕之處罰，但為最重要之處罰，故居於主罰之地位，此種處罰在乎予行為人以精神上之指責，故稱精神罰，因其效用頗大，故適用範圍亦廣。例如無正當理由，跟追他人，經勸阻不聽者，即可處以申誡（同法第八九條第二款）。

(3)罰鍰：罰鍰者，科行為人完納一定金錢之處罰也。與刑法上罰金相似，但性質不同。例如於公共場所任意叫賣物品、妨礙交通，不聽禁止，即可處以三千元以下之罰鍰（同法第七九條第一款）。

(4)沒入：沒入者，乃對於行為人之特定財產予以剝奪而收歸國庫之謂也。沒入物之範圍如左：

①查禁物：例如製造、運輸、販賣、攜帶主管機關公告查禁之器械等是。

②因違反本法行為所生或所得之物：例如販賣主管機關公告查禁器械所得之價款。

以上之物除查禁物外，必須屬於行為人所有者，始得沒入之，其用意蓋與刑法之沒收同也。

(5)停止營業：停止營業即暫時禁止其營業活動之謂，例如，戲院再次播放穢劇者，即得處以停止營業（同法第八二條第一項第二款及第二項）。

(6)勒令歇業：勒令歇業者即永久停止其營業活動之謂，但以所勒令歇業之營業為限，如改營他業，仍有其自由也。例如公共遊樂場所之負責人再次縱容兒童於深夜聚集店內，而不報警者，即可處以勒令停業（同法第七七條後段）。

㈡財政罰　財政罰者對違反財政上義務者所加之制裁也。依憲法第十九條之規定：「人民有依法律納稅之義務」，因而國家遂有各種稅法之頒行，如所得稅、遺產稅、印花稅、營業稅等，以為徵稅之依據，而人民亦應遵照各該稅法之規定繳納稅款，倘逾期不繳，或有其他偷漏等情事時，國家自應予以處罰，是謂財政罰，其種類不外為罰鍰、加收滯納金、停止營業及沒入等，對此各種稅法中皆有專章規定，無待贅言。惟我國現行財務案件處理之程序，實不無研究之餘地。蓋財政罰既為對於違反財政法規上義務之制裁，即係行政罰之一種，與刑法上之刑罰既異，與民法上之制裁有別，故此種案件既不得謂之刑事案件，亦不得謂之民事案件，換言之，即非司法案件。非司法案件，在大陸法系諸國，除少數之例外外，均無由司法機關處理者，我國法制向採大陸法系之立法例，然而現行關於財務罰鍰之裁定，及滯納金之強制執行等程序均由法院為之。雖法院之受理此種案件，於法尚非無據（自民國四十年六月十六日頒行臺灣省內中央及地方各項稅捐統一稽徵條例後，即如此辦理，而各種稅法之修正亦均設有此種規定），但究屬畸形，而非常態。因行政罰由司法機關裁定與執行，在形式上言之，不啻司法侵越行政，有背於五權分立之原則，同時使人民對於司法與行政之觀念混淆不清，乃致不復分辨行政罰與刑事罰之個別效果。若就實質上言之，行政機關既無此項職權，則對於稽徵事務之處理，即不克確實有效，而司法機關則因此項案件之增加，實無異額外重擔，大有不能負荷之苦。因而行政效率與司法效率即不免同時降低，影響匪淺，議者非之。況財政罰與警察罰同屬行政罰，前者獨改由法院處理，而後者則否，於理論，其何能通，可見吾國現行財務案件之處理程序，實有檢討改善之必要也。其後，財務案件處理辦法經司法院大法官會議釋字第二八九號解釋宣告違反法律保留原則，應自本解釋公布之日起，至遲於屆滿二年時失其效力，稅捐稽徵法乃於八十一年十一月二十三日修正公布增訂第五十條之二本文規定：「依本法或稅法規定應處罰鍰者，由主管稽徵機關處分之，不適用稅法處罰程序之有關規定，受處分人如有不服，應依行政救濟程序辦理。」據此，依稅捐稽徵法或稅法規定應處罰鍰案件，自八十一年十一月二十五日起一律由主管稽徵機關自行處分，不再移送法院裁定處罰。

以上所述之警察罰與財政罰乃行政罰之重要者，此外其他行政法令，設有罰則者亦復不少，如戶籍法、著作權法、海關緝私條例等，要不外為行政罰之一種，茲不多贅。

乙、行政上之強制執行

行政上之強制執行，亦稱行政執行，即對於不履行公法上之義務者強制其履行，或實現與已履行同一狀態之謂也。在私法關係，如義務人不履行義務時，權利人無自為強制執行之權能，僅能依法請求司法機關強制執行而已。在公法關係則不然，即對公法上義務之不履行，勿須司法機關之參與，行政機關得自為強制執行。此種強制執行除於各種行政法規，設有個別性的具體規定外，其為一般性的概括規定者，則有行政執行法（民國二十一年十二月二十八日公布施行，後經九次修正），依該法之規定，行政執行，有公法上金錢給付義務、行為或不行為義務之強制執行及即時強制（行政執行法第二條），茲分述如下：

㈠公法上金錢給付義務之執行　義務人依法令或本於法令之行政處分或法院之裁定，負有公法上金錢給付義務，有下列情形之一，逾期不履行，經主管機關移送者，由行政執行處就義務人之財產執行之：①其處分文書或裁定書定有履行期間或有法定履行期間者。②其處分文書或裁定書未定履行期間，經以書面限期催告履行者。③依法令負有義務，經以書面通知限期履行者。法院依法律規定就公法上金錢給付義務為假扣押、假處分之裁定，經主管機關移送者，亦同。義務人死亡遺有財產者，行政執行處得逕對其遺產強制執行。於一定情形下，行政執行處得命義務人提供相當擔保，限期履行，並得限制其住居。義務人逾前項限期仍不履行，亦不提供擔保者，行政執行處得聲請該管法院裁定拘提管收之。

㈡**行為或不行為義務之執行**　依法令或本於法令之行政處分，負有行為或不行為義務，經於處分書或另以書面限定相當期間履行，逾期仍不履行者，由執行機關依間接強制或直接強制方法執行之。

1. 間接強制方法：間接強制方法有二：

⑴代履行：依法令或本於法令之行政處分，負有行為義務而不為，其行為能由他人代為履行者，執行機關得委託第三人或指定人員代履行之，而向義務人徵收因代履行所需之費用，是謂之「代履行」。例如，某臨街樓房形將坍塌，行政機關因恐樓塌傷人，乃以書面預告樓主限期拆除，倘屆期不拆，則執行機關得雇工代為拆除，然後再向樓主徵收拆除所需之工資是也。惟此種義務人所負之義務，第一、必須為作為義務，蓋不作為義務，自無代履行之可言；第二，必須為他人可以代為之義務，如上述樓房之拆除，最宜於代履行，否則如為他人不能代為之義務，自亦無法代為，例如令某人到案作證，祇能由某人親自到案，他人無法代為也。

⑵怠金：依法令或本於法令之行政處分，負有行為義務而不為，其行為不能由他人代為履行者，依其情節輕重處新臺幣五千元以上三十萬元以下怠金。依法令或本於法令之行政處分，負有不行為義務而為之者，亦同。被處以怠金，仍不履行其義務者，執行機關得連續處以怠金，直至其已履行時為止。例

如某人無故不到案作證，即得一面處以怠金，一面再令其到案作證是。

2.直接強制方法：直接強制方法如下：①扣留、收取交付、解除占有、處置、使用或限制使用動產、不動產。②進入、封閉、拆除住宅、建築物或其他處所。③收繳、註銷證照。④斷絕營業所必須之自來水、電力或其他能源。⑤其他以實力直接實現與履行義務同一狀態之方法。經間接強制不能達成執行目的，或因情況急迫，如不及時執行，顯難達成執行目的時，執行機關得依直接強制方法執行之。

㈢即時強制　行政機關為阻止犯罪、危害之發生或避免急迫危險，而有即時處置之必要時，得為即時強制。即時強制方法如下：

⑴對於人之管束：行政機關對於有危害治安之虞者，得依職權，以實力暫時拘束其身體自由，是為對於人之管束，例如酗酒者，橫衝直撞於街頭，倘不加以管束，則有妨害其本人或他人生命身體之危險，因而警察機關以實力將其拘束於適當場所，予以保護是。

⑵對於物之扣留、使用、處置或限制其使用：行政機關對於足以危害治安之物，或足以防護天災事變及其他危害之物，得視當時之情形，依職權而為扣留、使用、處置或限制其使用，此乃不得已之緊急處分，玆分別舉例說明之。

①物之扣留：例如某人攜帶無照手槍，即須予以扣留，然後調查來源再行依法處理是。

②物之使用：例如製造滅火彈工廠之近鄰失火，警察即可令該廠工取彈投擲，將其鄰火撲滅是。

③物之處置：例如某甲之家屋失火，將延及右鄰，此時其右側之廂房雖未燒及，消防人員為防止火勢蔓延，而保護右鄰起見，即可將甲之右廂房拆除之。

④物之使用之限制：例如某甲臥室衣物被盜洗劫，警察機關為蒐集證據，保存痕跡，以便於偵查起見，在未開始搜查現場前，即可暫時限制某甲使用其臥室是。

(3)對於住宅、建築物或其他處所之進入：行政機關為制止現行非法行為或救護迫切之危害起見，得進入住宅、建築物或其他處所。例如警察發覺某屋內有人持凶器，正欲殺人，自得破門而入以制止殺人者之行凶，而救將被害者之生命是。

(4)其他依法定職權所為之必要處置：例如依空氣污染防制法第三十三條規定，公私場所之固定污染源因突發事故，大量排放空氣污染物時，負責人應立即採取緊急應變措施，並於一小時內通知當地主管機關，主管機關除命其採取必要措施外，並得命其停止該固定污染源之操作是。

第四節　民事制裁

民事制裁亦稱私法上之制裁，即國家對於違反私法上之義務者，所加之制裁也。所謂違反私法上之義務者，主要即指侵權行為及債務之不履行而言，國家對此每因當事人之請求，而依照私法之規定，予以制裁，茲先將其制裁方法列表如左，然後逐一說明：

- 民事制裁
  - 權利上之制裁
    - 人格權之剝奪
    - 身分權之剝奪
    - 無效及撤銷
    - 契約之解除
  - 財產上之制裁
    - 返還利益
    - 損害賠償
      - 回復原狀
      - 金錢賠償
  - 其他之制裁
    - 強制執行
    - 拘提管收

第一、權利上之制裁

權利上之制裁者，對於違法行為或不履行義務者積極的或消極的剝奪其權利之制裁也。詳如左列：

㈠人格權之剝奪　此種制裁，專對法人而施，依民法第三十六條之規定：「法人之目的或其行為，有違反法律、公共秩序或善良風俗者，法院得因主管機關、檢察官或利害關係人之請求，宣告解散」，則法人之人格即因此而消滅。蓋法人之人格，本為法律所賦與，所謂「趙孟之所貴，趙孟能賤之」，則法律所賦與者，法律自得剝奪之也。

㈡身分權之剝奪　身分權之剝奪者，非剝奪其身分也，乃指因該項身分所得行使之權利，而竟濫用，法律對之予以剝奪之制裁是。例如妻與夫以外之人合意性交，夫本有離婚之請求權，但如其夫對於其妻之與人合意性交已同意者，則失其請求離婚之權（民法第一〇五三條），蓋臥榻之下，竟容他人鼾睡，

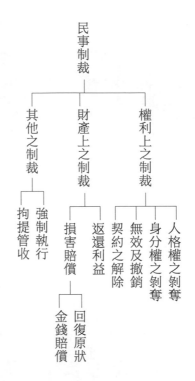

法律安得不予以消極的薄懲耶！又如父母之一方濫用其對於子女之權利時，法院得依他方、未成年子女、主管機關、社會福利機構或其他利害關係人之請求或依職權，為子女之利益，宣告停止其權利之全部或一部（民法第一〇九〇條），是即對濫用親權者之制裁也。

㈢無效及撤銷 無效與撤銷雖非直接的剝奪何種權利，然其作用，即在乎使某種不適法或不正當之法律行為不生效力，亦無異間接的使依該項法律行為應得之權利無形消滅，故亦為權利上制裁之一種。所謂無效者，法律上當然且確定的不發生其效力之謂也。例如賭博行為本為違法，則因賭博所得之債權，法律上不認其效力是。又如約人終身不結婚，此種契約因有背於善良風俗，而非正當，故法律亦認為無效，從而自不具有契約履行之請求權是。所謂撤銷者，某行為經撤銷後，失去其法律上效力之謂也。例如因詐欺或脅迫而成立之契約，則被詐欺或被脅迫之一方，得行使撤銷權以撤銷之，使對方遭受消極的制裁是。又法律行為係乘他人之急迫輕率，或無經驗，使其為財產上之給付，或為給付之約定，依當時情形顯失公平者，法院即得因利害關係人之聲請，撤銷其法律行為，以示制裁，亦其適例。不過撤銷有屬於制裁性者，有不屬於制裁性者，例如意思表示因傳達人或傳達機關傳達不實者，表意人得將其意思表示撤銷（民法第八九條），是即無何制裁性之可言，不可不知也。

㈣契約之解除 契約解除者乃當事人之一方因法律上或契約上之解除權之行使，而使該契約之效力溯及的消滅之一方的意思表示也，其解除權基於法律上之規定者，謂之法定解除權，基於契約上之保留者，謂之約定解除者。解除權係對於對方之債務不履行而設，故亦為一種權利上之制裁。例如甲向乙訂貨若干，到期乙未交貨，則甲可行使解除權，以解除原有之契約。此時縱令乙方有損失，以其未遵期交貨故，亦無可奈何，蓋失信者應得之惡報也。

第二、財產上之制裁

財產上之制裁者，對於違法行為，或不履行義務者，予以財產上之損失，以為制裁也。約有左列數種：

㈠返還利益　無法律上之原因而受利益，致他人受損害者，應返還其利益，此為民法第一百七十九條所明定，蓋無法律上之原因而受利益，致他人受損害者是為不當得利，不當得利法律不惟不加以保護，且使之返還，理所宜然也。例如甲乙兩人間，本無債之關係，乙因誤信對甲負有債務，而向之為清償，甲亦貿然領受者，此時甲乙二人之給付與受領，即根本無法律上之原因，而甲之受領給付物，遂成為不當得利，依法律之規定應返還於乙。

㈡損害賠償　回復或填補他人所受損害，謂之損害賠償，亦私法上對於侵權行為或債務不履行者之制裁也。損害賠償發生原因，有基於法律行為而生者，如保險契約是；有基於法律之規定而生者，如侵權行為及債務不履行是。至於賠償之方法，則有左列兩項：

(1)回復原狀：即使賠償義務人，對於被害人，回復其損害發生前之原狀是也。如返還奪取之物件，重新配上打破之玻璃，重建撞倒之牆壁等，皆其適例。

(2)金錢賠償：即按損害之程度，估計金錢，使賠償義務人，對於被害人，給付金錢，以填補其損害，亦即通常所謂償金是也。

以上兩種方法，前者為直接之賠償方法，後者為間接之賠償方法，依理論言前者為優，蓋極與損害賠償之目的相合也。依實際言後者為便，蓋各種損害賠償，均得行之，且迅速可期也。以此我民法關於損害賠償之方法，於第二百十三條第一項規定：「負損害賠償責任者，除法律另有規定或契約另有訂定外，應回復他方損害發生前之原狀」，是即以「回復原狀」為原則，而以「金錢賠償」，為例外者也，所謂法律另有規定者，如侵害人格權之賠償，依民法第一百九十五條第一項之規定，即應賠償相當之金額是，又如回復原狀遲延者，及回復不能或顯有重大困難者，民法（第二一四、二一五條）規定皆得以金錢賠償是也。所謂契約另有訂定者，即當事人對於損害賠償之方法以特約另定者而言，因回復原狀之規定，並非強行規定，自可從當事人之意思也。如當事人約定於債務不履行時，應支付違約金，即其一例。不過違約金分二種性質，一種為損害賠償額之預定，一種純為債務不履行之懲罰，前者既以確定賠償額為目的，則債權人惟得對於本來之給付或違約金二者之中擇一要求，不得兼索；後者乃以確保債權之效力為目的，則債權人得於本來給付之外，並請求違約金。我民法（第二五〇條第二項）之規定以損害賠償性之違約金為原則；以懲罰性之違約金為例外，良以後者使債務人負擔過重，嫌苛酷也。

至於，以懲罰加害人主觀上惡性為出發點的懲罰性賠償金制度，因其寓有制裁目的，已超出典型民法的損害填補功能，則另置於特別法中，如消費者保護法第五十一條規定設有五倍（故意行為）、三倍（重大過失行為）及一倍（過失行為）以下之懲罰性賠償。

第三、其他之制裁

其他之制裁，分強制執行與拘提管收兩種，茲分述之。

㈠**強制執行**　強制執行者執行機關運用國家之強制力，使債務人履行法律上所期之效果，以達實現保護確定之私權為目的之行為也。申言之，債務人不履行債務時，債權人不僅對債務人有請求其履行之權利，並得向法院提起請求給付之訴，如經法院判決令債務人為履行，而債務人仍置若罔聞時，則國家為確保債權人已確定之債權起見，更進而運用其強制力使債務人為之履行，是即強制執行也。依強制執行法（民國二十九年一月十九日公布施行，後經十一次修正）之規定，分為總則（同法第一條至第三〇條之一）、關於金錢請求權之執行（第三一條以下）、關於物之交付請求權之執行（第一二三條以下）、關於行為及不行為請求權之執行（第一二七條以下）、假扣押假處分之執行（第一三二條以下），依其執行方法，則可歸納為左列三種：

⑴直接強制：直接強制者依國家之強制力，不問債務人之意思如何，以直接實現債之內容之謂也。此種強制依近代人格尊重之理想，在解釋上應以關於「給與之債務」為限，至關於「行為之債務」多不得用此方法。依此直接強制方法所為之執行，如關於金錢債權，處分債務人之財產，調取以一定之金額，交與債權人（同法第四五、七五、一一五至一一七條）；及關於物之交付請求權之執行，解除債務人之占有，以之移轉於債權人（同法第一二三、一二四條），均屬之。此方法對於債務人既無身心上之壓迫，

對於債權人復有實際上之滿足，乃保護債權之最有效之方法也。

⑵代替執行：代替執行者乃以債務人之費用，使債權人或第三人代債務人實現債之內容之謂也。此種方法惟得對於「行為之債務」中之得由第三人為之以達其目的（替代給付）者，有其適用。我強制執行法第一百二十七條：「依執行名義，債務人應為一定行為而不為者，執行法院得以債務人之費用，命第三人代為履行」之規定，即指此言。如應拆去建築物之債務，以債務人之費用，使債權人或第三人僱用人伕以拆除之，是其適例也。

⑶間接強制：間接強制者，命為損害賠償，處以過怠金，或依拘提管收之方法，對於債務人加以身心上之壓迫，以使其實現給付之謂也。此種強制惟對於「行為債務」中之非他人所能代為履行（不代替給付）者（同法第一二八條第一項），或不行為之債務（同法第一二九條）始得採用之。例如名伶演劇之債務，或不於一定土地上建造房屋之債務，倘不履行時，均可用此間接強制方法，以強制其履行。但應注意者關於性質上不許強制執行之債務，則不在此限，例如夫妻同居之判決，不得依此方法而為執行（同法第一二八條第二項），而婚姻之預約亦不得依此方法而為執行（民法第九七五條）是也。

㈡拘提管收　拘提管收者亦強制執行之一種方法也，強制債務人到案，謂之拘提，拘束債務人之身體於一定場所，以督促其履行債務，謂之管收。拘提與管收，非債務人有特定之情形時，不得為之。例如債務人受合法通知，無正當理由而不到場者，執行法院得拘提之（強制執行法第二一條），又如債務人顯有逃匿之虞，執行法院得拘提之（強制執行法第二一條第一項第二款）是也。惟拘提與管收，係以拘束債務人身體之自由為手段，故不可不特加慎重，我國有管收條例（民國二十九年八月十二日公布施行，民國六十九年七月二十三日修正）之另定者，以此也。

以上所述之各種民事制裁，均屬公力制裁，雖其中不無當事人可自為主張者，然非訴諸法院，則仍不能確定，故均不失為公力之救濟也。公力救濟之外尚有自力救濟者，即權利被侵害時逕用私人腕力以為保護之謂。蓋國家雖設有民事訴訟等制度，俾一切糾紛悉憑公力以為解決，以免社會上發生強凌弱、眾暴寡之惡劣現象，然處於情形危急之時，若絕對不許自力救濟，則其權利或遭受侵害，或稍縱即逝，迨獲至公力救濟，已時過境遷，即不克有充分之保護矣。故多數國家之立法例，於一定限制之下，仍准自力救濟，以對於不法行為或債務不履行者而為制裁也。民事上自力救濟分為：

㈠自衛　對於現時不法之侵害，為防衛自己或他人之權利所為之行為，不負損害賠償之責；但已逾越必要程度者，仍應負相當賠償之責（民法第一四九條），是謂正當防衛。其應具之要件為①須有加害行為。加害行為，為防衛行為之前提。更須具有「不法之侵害」與「現時之侵害」二要件，始能成立。②須有防衛行為。此即防衛行為之本體，更須具有「為防衛自己或他人之權利」及「未逾越必要之程度」二要件始能成立，否則謂之防衛過當，仍不能解除損害賠償責任。

㈡自助　為保護自己權利，對於他人自由或財產，施以拘束、押收或毀損者，謂之自助。自助雖為法律上不得不許，然有極嚴格之限制，以免發生流弊。我民法第一百五十一條規定：「為保護自己權利，對於他人之自由或財產，施以拘束、押收或毀損者，不負損害賠償之責，但以不及受法院或其他有關機關援助，並非於其時為之，則請求權不得實行或其實行顯有困難者為限」，乃事前之限制也；同法第一百五十二條規定：「依前條之規定，拘束他人自由或押收他人財產者，應即時向法院聲請處理。前項聲請被駁回，或其聲請遲延者，行為人應負損害賠償之責」，乃事後之限制也。依上述之限制，可知其成立之要件為：①須為保護自己之權利，②須僅對他人自由或財產施以拘束，押收或毀損，③須有急迫而不及請求公力救濟之情形，④須事後即時向法院聲請處理。有此四種要件，始得構成自助行為，否則應負損害賠償之責也。

關於自助行為，除上述之外，為法律所規定者尚有：①「留置權」，例如民法第六百十二條：「主人就住宿、飲食或墊款所生之債權，於未受清償前，對於客人所攜帶之行李及其他物品，有留置權」是；②「追止權」，例如民法第九百六十條第二項：「占有物被侵奪者……如係動產，占有人得就地或追蹤向加害人取回之」是也。

第五節　國際制裁

國際相與，和平為重，乃竟有政治短視者流，與軍事野心之輩，予智自雄，無端尋釁，昧於小利，罔顧大局，或則鄰國交惡，或則兵戎相見，馴致星星之火，貽害燎原，舉世各國無不捲入戰爭漩渦之中，若第一、二次世界大戰者，亦未始非少數窮兵黷武者之所致。此種等於人類自殺之侵略行動，若不設法根絕，則人類前途何堪設想？是以經兩次大戰後，人類多數覺醒，深感和平之需要，乃前有國際聯盟之創立，而今又有聯合國之組織，以期藉國際集體力量，制裁侵略，伸張正義也。無如聯合國雖為別具一格之國際組織，但尚非高於其他國家之團體，而國際公法雖亦為各國所公認，但尚非由一權力高於國家之團體所制定，因而其制裁力，畢竟不如國內法之強，故國際間對不法者之制裁，除聯合國之干涉（公力制裁）外，仍不得不假手乎自助（自力救濟）焉，玆分述之。

第一、干涉（公力制裁）

干涉者即由國際團體以強制方法，促使違反國際法之國家，改正其錯誤，以維持國際法之尊嚴，而確保人類和平之手段也。其方法重要者如左：

㈠一般干涉　一般干涉指軍事以外之其他較為和平之干涉方法而言，按聯合國憲章第三十九條有：「安全理事會應斷定任何和平之威脅，和平之破壞，或侵略行為之是否存在，並應作成建議或決定依第四十一條及第四十二條規定之辦法，以維持或恢復國際和平及安全」之規定，其第四十一條即屬一般干涉，其第四十二條即屬軍事干涉。前者之規定為：「安全理事會得決定所應採武力以外之辦法……；此項辦法得包括經濟關係、鐵路、海運、航空、郵、電、無線電、及其他交通工具之局部或全部停止，以及外交關係之斷絕」，此即一般干涉之手段也。

㈡軍事干涉　如一般干涉，尚不足以收效時，則採用軍事干涉，依據上述之第四十二條：「安全理事會如認為第四十一條所規定之辦法為不足，或已經證明為不足時，得採取必要之空海陸軍行動，以維持或恢復國際和平及安全；此項行動包括聯合國會員國之空海陸軍示威、封鎖及其他軍事舉動」之規定，可知軍事干涉實為最有效之制裁手段。如民國三十九年六月，聯合國發動會員國軍隊，援助南韓，制裁北韓之侵略，卒能暫維和平，即其適例。

第二、自助（自力救濟）

國際間，對於不法者之制裁，除前述之「干涉」外，尚有受害國之「自助」。自助者，受害國依自己之力量予加害者以制裁之謂也。其方法有下列兩種：

㈠次於戰爭之手段　可再細分為左列五項：

⑴停止邦交：受害國為抗議對造之不法起見，可以宣告與對造停止邦交。此手段有二種方式，其較溫和者則為召回使館首長，而將使館事務留交暫行代辦處理；其較為嚴重者，則完全封閉使館，而委託友邦使節，代為照料本國僑民。例如民國四十五年五月十七日我政府因埃及甘附俄帝，承認匪邦偽政權，遂採取斷然措置，與埃及斷絕外交關係（見民國四十五年五月十八日中央日報）是。

⑵報復：報復者以類似手段，答復不友誼或不公平之行為也。例如甲國對乙國有禁止僑民入境，或予僑民以差別待遇，或排斥乙國貨物，徵收過度入口稅等之行為時，則乙國對甲國，自可以其人之道，還治其人之身，以示報復是。

⑶報仇：報仇者謂對於不法行為之國家，所施之返報也。如拿捕船舶及扣押財產等是，此與上述報

復不同之點有三：①報復是由於不友誼不公平所招致，而報仇則為不法侵害所招致。②報復手段並不違法，而報仇手段原屬違法，祇因用於解決糾紛，國際法特不禁止而已。③報復手段須與所報復之原來行為相類似，而報仇手段則無此限制，不過此之所謂報仇者係指平時報仇而言耳。

(4)封鎖：封鎖指平時封鎖而言，乃十九世紀以後新發展之自力救濟手段，以前之封鎖，均屬戰時封鎖。一八三一年法國因葡萄牙損害法僑利益，乃封鎖葡國港口，阻止葡船通過並捕獲之，迄葡國同意賠償，始解除封鎖。其後各國遂多以此為平時報仇手段矣。

(5)經濟絕交：經濟絕交者經濟上斷絕往來也，其步驟為禁止被絕交國之貨物入口，以減少該國外匯之來源；並禁止貨物運往被絕交國，以減少該國物資之救濟，此種手段在經濟關係十分密切之國家間，用之非常有效。

㈡**戰爭**　戰爭乃國家間使用武力決鬥，以為解決爭端之最後手段。其情形最為慘酷，其結果摧毀文明，故非至萬不得已階段，絕不可輕用也。

第九章　法律關係

第一節　法律關係之複合性

人類營社會生活，其關係極錯綜複雜，我國古語云：「一人之身，而百工之所為備」，又曰：「一夫不耕，天下或為之饑；一婦不織，天下或為之寒」，前者在說明一人之消費，嘗為萬人所生產，後者在說明一人之生產，嘗為萬人所消費，此雖就經濟關係而言，但由此即可以洞見人與人之間，無論直接間接均不能不發生關係，尤以近代人之社會生活，多由各種利害關係交織而成，玆試就一人之生活觀之，其中即含有個人的，社會的，國家的，以至國際的種種不同之利害關係，而各種利害關係中又有特殊的利害關係與一般的利害關係相複合，因而其界限亦重疊錯落，至難為截然之劃分。人類生活，既如此紛歧複雜，則由此而生之個人生活上之要求，與團體生活上之要求，即難免彼此對立。從而如何調整此種對立，即一面須負維持共同生活秩序之任務，一面又須於共同生活中滿足個人生活之價值，實為法律之重要課題。然而人類生活關係不盡屬法律關係，申言之，於此複雜多歧之生活關係中，為法律所支配者，其成分並不為多。故何種關係，以及達於何種程度，始能為法律所規範，則係由於社會的、歷史的不同而有差異，亦即一種社會關係成為一種法律關係時，係由於該社會的統制機能而然，例如由近代法治國家主義進入現今之文化國家主義，其社會關係愈形複雜，而法律關係之領域亦隨之逐漸擴大。故欲決定何者為法律關係，應不僅著眼於國民社會之關係而考察，更須以國際社會為觀點而分析，換言之，法律之研究不僅限於國內法，實應擴展至國際法，蓋當今之世，萬國交通，互相依存，幾致車同軌，書同文，而形成國際社會，則法律關係自亦發展及此。

以上所述之法律關係係就個人與個人，個人與國家，國家與國家間之關係而觀察，若就其成立之基礎而觀察，則法律關係有以自然的人類生活為基礎者，例如夫妻關係，父母子女關係，更由此而演為民族關係，國家關係，以及與吾人不可須與分離之物權法之關係。雖其性質與程度，互不一致，但其皆以人類之自然的結合或以人類之對於自然界之關係為基礎，則並無差異。法律關係亦有以人為的關係為基礎者，例如買賣，僱傭，保險等關係以及公務員關係，合作社與公司之組織關係，或其他由契約或類似契約原因而生之法律關係均屬之。

法律關係若就其在時間上之久暫而觀察，則有具備永續性者，亦有一時性者，以自然生活關係為基礎者，大都具有永續性，而基於人之意思所發生之法律關係，則為永續性者有之，為一時性者亦有之。一時性之法律關係，例如因一度給付及對待給付履行後而終了之買賣等之法律關係，固不受周圍情事變更之影響。然而永續性的法律關係，其形成如係由於當事人之意思時，例如僱傭關係，合夥，隱名合夥，保險關係，公益法人及公司關係等，則往往因其構成法律關係條件之生活關係之變化而受影響。如合夥契約，或無限公司組織，其合夥人或股東因受破產之宣告，須行退夥或退股（參照民法第六八七條及公司法第六六條），即其適例，此即所謂「情事變更原則」是也。此一原則對於永續性之法律關係，多適用之，尤其國際法上，更屬如此，蓋國際法上之法律關係，多具有永續性，同時國際情事亦多急劇變遷故也。不惟國際上法律關係如此，即在買賣之法律關係，亦有因當事人之給付及其相對人之對待給付，隔時較久，而其間突有貨幣貶值之情事時，則對於情事變更原則，自可援用。我國民法第二百二十七條之二第一項：「契約成立後，情事變更，非當時所得預料，而依其原有效果顯失公平者，當事人得聲請法院增、減其給付或變更其他原有之效果」之規定，即本此意旨者也（並請參照民事訴訟法第三九七條）。

法律關係雖多種多樣如上述，但法律秩序乃在歸納多數同種之法律關係，發見其共通點，而設定其普遍適用之法規。此種法規，其數不少，嘗以成文法之形式，依一定之順序配列於法典上，而形成大規模之法律體系。似此抽象的，種類概念的法律關係，吾人稱之為「法律制度」。例如所有權、買賣、票據、婚姻等皆屬法律制度之一種。每種法律制度，於法律秩序之體系中，一方期在達成其本身之目的，一方又與其他制度，發生目的與手段之牽連關係。例如票據制度，即為其原因關係之買賣，消費借貸等之手段；又如提單，即為運送契約及運送物所有權之移轉，或就其上設定質權之手段；而質權又為其主債權之擔保手段；債權契約為所有權，無體財產權或其他財產權之取得，或使他人為某種給付之手段；不動產登記，乃為不動產物權得喪變更之生效（我民法）或可以對抗第三人之手段（日本民法）；占有制度乃為本權權利人得以享受一切保護之手段；而整個民事訴訟及刑事訴訟之程序，亦不外為實現私權或國家刑罰權之手段而已。

各種法律制度不但彼此間有目的與手段之關係，即對於某一具體事實，亦嘗有多種法律制度，交錯於其間。例如承包膳宿契約，即同時將買賣，租賃及僱傭三種法律制度，混而為一。又有時吾人欲達到法律上某種目的，其可供援用之法律制度，頗不止一種，例如因他人之請求返還貸金，有時可以主張消滅時效之完成，而拒絕給付；有時亦可否認消費借貸契約之成立，以資抗辯。又如租賃房屋契約，期滿房客仍不遷還，則房東既可依租賃契約，請其履行返還租賃物之義務，又可主張房屋所有權，對於不法占據，提起遷讓房屋之訴，皆其適例。總之在法律秩序中各種法律制度，脈絡牽連，聲息互通，而成一完整之法律體系。是以研究法律者，務須全盤檢討，面面觀察，始能有所領會，若僅著眼一斑，而不窺其全豹，則法律有時似與正義不合，例如實質上無權利之人，嘗享有票據上之權利，竊盜有時亦受占有制度之保護等，乍視之，未免莫名其妙，但一與其他法律制度作綜合之觀察，則法律仍未脫離正義之鵠的，其底蘊實不難了然也。

法律關係雖以變化無窮之人類生活關係為基礎，而極端複雜，但因有法律制度故，則亦不難條分縷析，瞭如指掌，蓋法律制度即法律關係之定型也。不過此種定型之本身，亦不甚簡單，直接表現自然之法律原理者有之；注意於公共利益，國民經濟，以及時代與地域之習慣而作技術性與目的性之考慮者亦有之。以人性為基礎（例如婚姻）者有之；由於自由及經濟之原因而產生（例如所有權之內容）者有之；純出於法律技術（例如買賣契約，票據制度）者又有之。而此等定型之中，有得依當事人之意思，予以變更者，亦有不然者，例如身分法上之制度與物權法上之制度，因其有關善良風俗與國民經濟，故不許當事人或其他利害關係人任意改易，而債法上之制度，如買賣，承攬等，其定型雖亦為法律所規定，但祇具有示範意義而已，當事人在廣泛之範圍內，仍得自由變更，可見法律關係在法律制度上似已簡化，但實際上仍不單純也。

第二節　權利義務之意義

法律關係縱屬錯綜複雜，但其核心，終不外為權利與義務二者。換言之，權利與義務雖不能概括法律關係之全部，然實佔法律關係之絕大的而且主要的部分，有人目法學為權利義務之學，洵不足怪。茲將二者之意義分述之。

第一、權利之意義

㈠權利有關之學說　權利有關之學說甚多，其重要者如左：

⑴意思說：此說謂權利之本質乃意思之自由，或意思之支配，申言之，即權利為個人意思所能自由活動或個人意思所能任意支配之範圍，故意思為權利之基礎，無意思即無權利，此說以溫德賽(Windscheid)為代表，純係著眼於權利之動的狀態而立說，對於權利之靜的狀態，卻未顧及，倘依此說，則下列諸點，將無法說明，①權利可離意思而存在，如受禁治產之宣告者，雖無意思能力，然仍得享有權利。②權利之取得，未必基於意思，其由他人之法律行為，或由於自然事實，而取得權利者，亦事所常有，例如私

生子被其父認知，而取得被扶養之權利，又如因子女之出生，其父母取得親權，皆非基於權利取得者之意思也。③權利之行使亦未必基於意思，例如無行為能力人之權利，由其法定代理人代為行使，其本人有無行使該權利之意思，法律上在所不問。④權利有時亦不受意思支配，尤以公法上之權利，其行使與否，與社會公益攸關，故多不許拋棄或移轉。而私法上之權利，亦有因維持社會公益，不許拋棄或移轉者，如自由權，依據民法第十七條規定即不得拋棄，可見權利未必盡為意思所支配也。

(2)利益說：此說謂權利之本質即法律上所保護之利益，換言之，凡依法律歸屬於個人之生活財富，即為權利。此說以耶林(Jhering)及德爾堡(Dernburg)為代表。認為權利之主體必與受益主體為同一，其實法律對於利益之保護，未必皆以賦予權利之形態出之，其以法律之反射作用，使人享受利益者，亦不在少，例如法律使人遵守右側通行之規則，其結果人人均得享受交通安全之反射利益，此項利益即非權利，因享受者無權向他人請求履行此項義務也。可見此說實誤認權利之目的為權利之本質，故仍非完善。

(3)折衷說：此說乃折衷上述二說而成，其意謂權利之本質乃為保護利益起見，法律上所承認之意思之力也。以耶律芮克(Jellinek)及比克(Bekker)為此說之代表。惟既屬意思與利益說之折衷，則兩說之缺點，乃同時兼具，殊不足採。

(4)法力說：此說謂權利之本質乃可以享受特定利益之法律上之力也。以梅克爾(Merkel)為此說之代表，為今最有力之學說，吾人採之。

㈡權利之概念　權利之學說既以「法力說」為吾人所採，茲本此而分析權利之概念如下：

(1)權利者法律上之力也：法律上之力與一般所謂實力不同，實力為私人之腕力，法律上之力乃法律所賦與者，詳言之，當法律承認特定人有享受特定利益之力時，即當然課他人以對此有特定行動之拘束，所謂作為、不作為之義務是。然則權利之所以為權利，即全憑有此義務之對待也。因此則權利人不惟可以支配標的物，亦可以對抗他人，例如依所有權則可以使用收益及處分其所有物；依債權則可以請求他人履行其債務，此種支配權及請求權，即法律上之力也。

(2)權利者可以享受特定利益者也：人類對於維持或發展其社會的生存所需之生活財富，必有欲求，因欲求而生之關係，謂之生活利益。此生活利益即係人類對其社會的地位或外界之物之一種心理關係。如生命、身體、自由、名譽等之非財產的利益，屬於前者；而一般財產的利益，屬於後者。惟此之所謂利益，並非權利者之主觀的利益，乃指國家社會生活上之客觀的利益而言。於此種利益中，其受法律之保護者，謂之法律利益，簡稱法益。法律為保護或充足特定之法益計，乃認有「權利」之一形式，亦即賦與權利人以特定的法律上之力，俾其能享受特定之利益，同時對於他人亦課以相當之拘束。故一般言之，權利與義務常相對立，不過有時法律為保護某種利益，雖亦課人以相當之拘束，但不賦與任何人以相當的法律上之力者，亦有之。

第二、義務之意義

㈠義務之概念　義務者乃法律上所課之作為或不作為之拘束也。茲依此意義分述如左：

(1)義務者拘束也：所謂拘束者，即不能由被拘束者隨意變更或免除者是也，義務既係一種拘束，則被拘束者（義務人）必須履行其義務，否則即屬違反義務，必遭受應得之制裁，故負有義務者恒受其拘束也。

⑵義務者乃作為或不作為之拘束也：義務之形態，有作為與不作為二者，前者謂積極義務，例如金錢借貸，借用人對於貸與人有返還其借金之義務是；後者謂之消極義務，例如一般人對於物之所有者有不妨害其使用，收益，處分之義務是。

⑶義務者法律所課之拘束也：義務者乃法律上之拘束，與道德上、或宗教上之拘束不同，換言之，即被拘束者若違反其拘束時，法律必予以制裁，否則其作為或不作為僅由於個人意思之自由者，固非義務，即僅受道德或宗教上之制裁者，亦非此之所謂義務也。

㈡義務與責任　與義務之概念應有區別者「責任」是也，義務為法律上所課之一定作為或不作為之拘束，已如上述；而責任則為違反義務者應受一定制裁之根據也，故責任與義務輒相伴而生，以致觀念上常相混淆。其實義務與責任亦有不相伴隨之時，例如消滅時效完成後之債務，所謂「自然債務」者，其債務雖尚非不存在，但卻無責任與之相伴，可見義務與責任不可混為一談也。

第三節　權利義務之分類

第一、權利之分類

權利可依種種不同之標準，而為各種不同之分類，茲分述之。

甲、公權與私權

此種分類所依據之標準，學說至為不一，其紛爭不下於公私法之分類，惟普通以「法律根據」說為妥當，因此說係以權利所根據之法律為標準而區分，即根據公法之規定者為公權，根據私法之規定者為私權，公權與私權均可再細分為若干類，茲先列表如左，然後逐一說明：

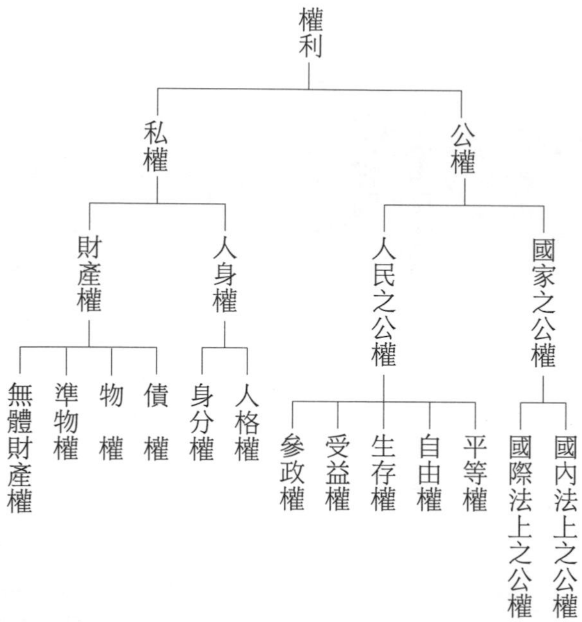

㈠公權　公權以其享有之主體為標準，可分為國家之公權，與人民之公權兩種：

⑴國家之公權：國家之公權以其所依據之法律之不同，分有左列兩大類：

①國內法上之公權：國家在國內法之公權，即其統治權或單稱治權是也，在三權分立之國家為立法、行政、司法三者，但在我國係採五權制度，則於上述之三權外，更加考試與監察二權。惟此乃依公權之性質而分者，若依公權之作用，則尚可分為下列各項：

a.命令權：即國家命令人民為特定之行為或不行為之權利，例如命令人民服兵役及納稅或命令人民不得違法等均是。此種公權係要求相對人履行特定之義務，與私權中之債權相似，但命令權之實行，無須基於相對人之同意，此點乃異於債權者。

b.制裁權：國家對於違反法律或命令者，有制裁之權利，是謂之制裁權，其詳可參照前章，茲不贅。

c.形成權：國家以其行為形成人民在法律上之某種效力之權利，是即謂之形成權。例如公務員之任命，資格之銓敘，以及法人設立之許可等是。

d.其他公權：其他公權包括公企業權及公法上物權等，前者例如鐵路，郵電等事業及其他有獨佔性質之企業之經營，後者如國境內湖沼河川及礦山祇能為國家所有是。

②國際法上之公權：國際法上之公權，即國家基於獨立自主權，對於國際間，所享有之權利也。其重要者，有左列數種：

a.生存權：此乃國家之基本權利，亦可謂為其他權利之淵源，蓋必先維持其生存，始有其他權利之可言也。細分之有自保權、自衛權兩種，前者係指在平時為保持生存與發展而採取必要設施之權利而言，例如充實國防、經濟建設等是；後者係指遇有外來危害時，為保衛自己而使用緊急手段之權利而言，例如對於侵略者，無論係直接侵略抑間接侵略，均可加以抵禦是。此外國家在國際法上尚享有財產權及保護僑民等權，亦屬於生存權。

b.獨立權：獨立權乃國家獨立存在，不受任何干涉之謂，亦可謂為國家之自由權。即一國無論對內行使統治權，或對外行使遣使、締約、宣戰與媾和等權，皆完全自由，毫不受他國之控制者是，否則處處受人干涉，則國幾不國矣。

c.平等權：平等權者乃國家於國際間以平等之地位享受權利負擔義務之謂也。換言之，各國在國際法上不分面積大小，人口多少，經濟貧富，均有相同之地位，而受同樣之保護。惟此之所謂平等僅指法律上之平等而言，在政治上尚難免不平等之現象存在，如在聯合國安全理事會內，大國有「否決權」，而小國無之，即其一例。

以上各項係國家在國際間，應享有之基本公權，此外尚有外交權，締約權等，屬於國際法研究之範疇，茲不詳述。

(2)人民之公權：人民之公權者，人民對於國家所享有之權也，此種權利國家不得以權力侵犯，故亦稱「基本人權」。基本人權最初規定於美國獨立時之「權利宣言」中，其後一七八九年遂為法國之「人權宣言」所繼承，於是此基本人權之思想與制度，乃漸為各國憲法所採用。不過此基本人權之觀念，亦因歷史之進化，而前後不同，最初則認為基本人權係出自天賦，厥後乃變為由國家所賦與。此種權利各國大都列舉於憲法之中，依我憲法之規定，有下列各項：

①平等權：平等權者人民在法律上不受任何歧視或享有任何特權，而由國家取得均等的權利機會之權利也。此權利之內容包括男女平等，不因性別而受歧視；宗教平等，不因耶、佛而有差別；種族平等，不因血統而分優劣；黨派平等，不因政見而別高低；階級平等，不因貧富而形貴賤。我國憲法第七條對此列有明文，則人民之平等權自能得到充分之保障也。

②自由權：自由權者乃人民有行為或不行為之自由，非依法律不受國家權力侵犯之權利也。我憲法上規定之自由有：人身自由，居住遷徙自由，意見自由，秘密通訊自由，信仰宗教自由，及集會結社自由等六種。所謂「人身自由」者乃人民之身體非依法律，不受國家權力侵犯之謂，國家權力對人民身體侵犯之方式，可分為逮捕，拘禁，審問，及處罰等四種，而我憲法對此四者均有嚴格限制之規定，即第八條第一項：「人民身體之自由，應予保障，除現行犯之逮捕，由法律另定外，非經司法或警察機關依法定程序不得逮捕拘禁。非由法院依法定程序不得審問處罰。非依法定程序之逮捕、拘禁、審問、處罰，得拒絕之」是也。至於保障辦法則於同條第二項以下設有：「人民因犯罪嫌疑被逮捕拘禁時，其逮捕拘禁機關，應將逮捕拘禁原因，以書面告知本人及其本人指定之親友，並至遲於二十四小時內，移送該管法院審問，本人或他人亦得聲請該管法院於二十四小時內，向逮捕之機關提審。法院對於前項聲請不得拒絕，並不得先令逮捕拘禁之機關查覆。逮捕拘禁之機關，對於法院之提審，不得拒絕或遲延。人民遭受任何機關非法逮捕拘禁時，其本人或他人得向法院聲請追究，法院不得拒絕，並應於二十四小時內向逮捕拘禁之機關追究，依法處理」及第九條有「人民除現役軍人外，不受軍事審判」等規定，此外更有提審法（民國一百零三年一月八日修正公布）之頒行，對於人民身體自由，實已應有具體充分之保障矣。所謂「居住遷徙自由」者，即人民之居住或選擇居住處所均應有其自由，不受非法干涉之謂。蓋人民生活依據之處所，如不能得有不受威脅之保障，則生活必感不安，故現代各國憲法均承認人民有居住之自由，我憲法亦然。同時不僅居住時有其自由，即移轉變更其居住之處所，亦有自由，古代奴隸制度時期，地主每嚴禁農奴遷徙，今則遷徙自由在憲法上著有明文，任何人不能限制也。所謂「意見自

由」者，乃人民根據其思維經驗及判斷，有發表其思想及見解之自由之謂，人類所以能有今日之文明，端在獨具理智，而理智之發達，實自啟迪思想，明辨是非始，故對於意見之自由之保障，即所以促進文化之發展，我憲法第十一條有：「人民有言論、講學、著作及出版之自由」之規定，旨在斯耳。惟此種自由，不僅在積極方面，有其自由，即在消極方面亦有其自由，例如以「言論」言之，欲言論時固有自由，而不欲言論者亦有自由，非若匪區竟無「不說話」之自由也。所謂「秘密通訊自由」者，即人民彼此通問或交換意見，可依秘密方式行之，不容非法侵犯之謂，因人民彼此間不免有技術上，業務上，及其他之秘密，不願使人獲悉，倘通訊間受國家或他人之侵犯，以致秘密外洩，實於精神或物質上，皆有不良之影響，故我憲法於第十二條特設規定以保障之。所謂「信仰宗教自由」者，即人民信仰任何宗教或不信仰任何宗教，由其自行抉擇，政府不得加以強制之謂，其內容包括信仰自由，即信耶信佛，悉聽自便；宗教行為自由，即禮拜傳教，不受干涉是也。惟此種自由並非漫無限制，換言之，即國家雖不得因某人信仰某種宗教而特別限制其自由，但亦不得因其信教故，而特別放任其一般人不應有之自由。例如昔日臺灣某學校學生，竟藉口信仰基督教，而拒絕向　國父遺像致敬，並敢主張「宗教自由」，斯非曲解「自由」者而何耶！所謂「集會結社自由」者，即人民以共同的目標或需要，得自由臨時集合於一定場所；或結合為永久性之團體之謂。前者如講演會，慶祝會之類；後者如農會，工會，同鄉會之類是也。

③生存權：生存權者乃人民有要求國家維護其生命，充實其生活，繁殖其生息之權利也。此種權利雖屬空泛，但實為最基本之權利，蓋人民苟不能生存，則其他權利將無所附麗，故生存權最為重要，

國父孫中山先生特重視民生主義者以此也。惟欲維持生存，則捨「工作」與「財產」莫屬，故人民之「工作權」與「財產權」不能不予以保障，蓋二者乃維持人民生存之手段，因之我憲法遂將上述之三種權利併舉，而於第十五條規定：「人民之生存權，工作權及財產權應予保障」。至於工作權之內容則不外人民在合法範圍內得自由選擇其能適應之工作，如無工作機會，政府應籌給及之（憲法第一五二條）。而財產權之內容則不外為財產所有人得自由，使用，收益處分其財產，但不得有背於社會之公益。例如工廠之開設及停閉，廠主固有其自由，但祇顧一己之私益，而無故停閉，致多數工人陷於失業，則為法所不許。

④受益權：受益權者乃人民要求國家為特定行為，或利用國家之設備以維護或充實其本身利益之權利也。此種權利與自由權不同之處，在於自由權惟禁止國家侵犯，屬於消極性者，而此受益權則屬於積極性者，即可以要求國家為各種積極行為或措施，俾人民得充分利用，而獲得其利益。具體言之，受益權包括行政上受益權，司法上受益權，教育上受益權及經濟上受益權等四種。「行政上受益權」復包括三項即請願權，訴願權，行政訴訟權是也。請願乃人民就國家之政治設施，向政府機關陳述其願望或意見，而希求其作為或不作為之謂；訴願及行政訴訟則依訴願法及行政訴訟法所定之程序為之，以期取銷或變更政府之不當或違法之行政處分。其次「司法上受益權」者，乃人民權利受不法之侵害時得依民事訴訟法向司法機關提起民事訴訟；或依刑事訴訟法提起自訴或請求檢察官提起公訴，而享受其保障之權利也。蓋人民各種權利，必須有所保障，若遇侵害，自應以公力救濟之，國家設立各級法院，其作用即在乎此。我憲法於第十六條有：「人民有請願，訴願及訴訟之權」，即係上述行政與司法上受益權之

規定也。所謂「教育上受益權」者，乃人民於教育方面有享受平等機會及國家給予之特定利益之權利也，依我憲法第一百五十九條規定：「國民受教育之機會，一律平等」，第二十一條規定：「人民有受國民教育之權利與義務」，可見受國民教育不僅為人民之義務，且亦為人民之權利，而其機會則不論任何人，皆得平等享受之。又憲法第一百六十條規定：「六歲至十二歲之學齡兒童，一律受基本教育，免納學費。其貧苦者，由政府供給書籍。已逾學齡未受基本教育之國民，一律受補習教育，免納學費，其書籍亦由政府供給」。其中所謂免納學費，及政府供給書籍，即人民在教育方面享受國家給予特定利益之一例也。至所謂「經濟上受益權」乃人民在經濟方面有享受國家給予特定利益之權利也。蓋我國奉行民生主義，其目的在求人民在經濟上之平等，俾衣、食、住、行、育、樂諸問題，能圓滿解決，所謂不虞匱乏是也，因此在經濟上之弱者，即須由國家予以扶植或救助，如我憲法第一百五十三條：「國家為改良勞工及農民之生活，增進其生產技能，應制定保護勞工及農民之法律，實施保護勞工及農民之政策。婦女兒童從事勞動者，應按其年齡及身體狀態，予以特別之保護」。及第一百五十五條：「國家為謀社會福利，應實施社會保險制度。人民之老弱殘廢，無力生活及受非常災害者，國家應予以適當之扶助與救濟」等規定，即其適例。

⑤參政權：參政權者國民參與國家政治之權利也。此種權利，非任何人均得享有，乃必須先行取得「公民資格」始克享有，故亦稱「公民權」。參政權依我憲法第十七及十八條之規定可分為兩大類，即「行使政權之權」與「參與治權之權」是，前者包括選舉權，罷免權，創制權及複決權四種；後者則指應考試服公職之權而言。何謂選舉權？乃具有公民資格者，得依投票方式直接選舉或被選舉為代表或

官吏之權是也。何謂罷免權？乃具有公民資格者，達到法定人數，對其所選出之代表或官吏之違法失職者，要求公民全體直接投票以解除其職務之權利也。何謂創制權？乃達法定人數之公民，得提出有關法律或憲法之建議案，而請求制定或修正之權利也。何謂複決權？乃公民對於立法機關所通過之法律或憲法修正案，依投票方式，以決定其最後贊否之權利也。前二者為對人的，後二者為對法的，總稱之曰「政權」。至於所謂應考試之權者乃凡有相當程度學業之公民，得依規定條件，參加各種公開甄選或考試，而取得合法資格憑證之權也。所謂服公職之權者，乃凡取得合法資格之公民，得參與國家或其他公共機關，從事於一切公共職務之權也。此二種權利，規定於憲法第十八條，其所以二者併列者，乃前者為後者之手段，換言之，應考試雖未必盡服公職，但欲服公職者，卻必須先應考試。

以上所述之各種公權，乃憲法上所列舉者，惟人民之公權，絕不止此，但一一枚舉，又勢屬難能，故憲法第二十二條有：「凡人民之其他自由及權利，不妨害社會秩序公共利益者，均受憲法之保障」之規定，以資概括，而免保護之不周，不過無論任何自由及權利（即前列舉者解釋上亦不例外）均須符合不妨害社會秩序，公共利益之條件，始克享受憲法之保障，否則不在此限也。

㈡**私權**　私權依其標的不同，可細分為左列各類：

⑴人身權：人身者存於自己或他人身體上之權利也。可再分為：

①人格權：人格權乃存於權利人自身上之權利，換言之，即權利人以其自身之人格利益之享受為目的之權利也。人格權與權利人之人格，有密切不可分離之關係，例如生命權、身體權、自由權、名譽權、姓名權及肖像權等皆具有專屬性而不可讓與或繼承是也。

②身分權：身分權乃存於一定身分關係人之身上之權利，亦即與一定之身分不可分離者也。身分權有親屬權與繼承權二種，親屬權包括親權及受扶養權而言；繼承權，則指繼承開始後已為繼承人者所有之權利，及繼承開始前應為繼承人者所可期待之權利而言。此外家長權及監護權亦皆屬身分權之一種。

(2)財產權：財產權者乃人身權以外具有獨立的經濟價值，即金錢價值之權利也。復分為左列四種：

①債權：債權者以特定人之行為或不行為為標的之權利也。例如金錢給付之債權，勞務給付之債權，及商業上不競爭之債權等是。

②物權：物權者以對於特定物得享受一定利益為內容之權利也。依我民法物權編之規定，物權有八種，即所有權、地上權、不動產役權、農育權、抵押權、典權、留置權、及質權是。物權與債權在經濟生活之功用，各有偏重，物權在保護已得財富之享有，偏重社會上保守之利益，故其內容概為負面之不行為；債權則在促進貨物之流暢，及利益之交替，乃偏重社會上流動之利益，故其內容多為正面之給付，此二者之特點，不可不別也。此外關於「占有」有認其為權利者，有不認其為權利者，立法例雖不同，但認其應受法律之保護則尚非不一致。

③準物權：準物權者直接存於一定權利上之權利也。例如漁業權（漁業法第二〇條：漁業權視為物權，除本法規定者外，準用民法關於不動產物權之規定），礦業權（礦業法第八條：礦業權視為物權，除本法有特別規定外，準用民法關於不動產法律之規定）是也。

④無體財產權：無體財產權者存於精神智能的產物上之權利也。例如關於學術著作之著作權，及

關於物品發明等之專利權是。

乙、支配權與請求權

此係以權利之作用為標準之分類，分述如左：

㈠支配權　支配權亦稱管領權，乃直接支配權利客體之權利也。權利人既有其權利，原則上自得支配其權利之客體，例如物權，即得支配其物是。惟支配權於支配作用外，尚有禁止他人妨礙其支配之作用，通常稱為「禁止權」，然此權乃本於支配權而生，故多不認其為獨立之權利。

㈡請求權　請求權者對於特定人請求其為一定行為（作為或不作為）之權利也。例如出賣人得請求買受人支付價金，貸與人得請求借用人返還借用物等是謂債權的請求權。又如失主得請求返還其被盜物，是乃基於支配權被侵害所生之請求權，謂之物權的請求權。不過請求權是否為獨立之權利，學說上頗不一致，有謂請求權係權利之表現，而非權利內容，故非獨立之權利者，然我民法上，於請求權之用語頗多，自應認為獨立之權利。

丙、絕對權與相對權

以權利之效力範圍為標準，可分為絕對權與相對權兩種，分述如左：

㈠絕對權　絕對權者係以請求一般人不為一定行為為內容之權利也，申言之，即得請求世人勿侵害其權利之權是，故謂之「對世權」，其特徵在於義務人之不一定，與請求內容之限於不行為二點，例如物權、人格權、無體財產權等屬之。

(二)**相對權** 相對權者係以請求特定人為一定行為或不行為之權利也。其特徵在於義務人之特定，與請求內容之不限於不行為二點，故亦謂之「對人權」，例如債權是。

丁、專屬權與移轉權

以權利是否有移轉性為標準，可分為專屬權與移轉權兩種，分述如左：

(一)**專屬權** 專屬權者專屬於權利人一身之權利也。此種權利不可讓與，不可繼承，即與權利人不可分離，例如人格權，身分權等屬之。

(二)**移轉權** 移轉權者權利之具有移轉性者也。此種權利可以讓與，可以繼承，例如債權、物權等屬之。

戊、獨存權與附屬權

以權利之相互關係為標準，可分為獨存權與附屬權兩種，分述如左：

(一)**獨存權** 獨存權亦稱主權利，即不因他種權利存在，而獨立存在者也。大部分之權利，均屬之。

(二)**附屬權** 附屬權亦稱從權利，即以主權利之存在為前提，而始存在；換言之，即附屬於他權利之權利也。例如抵押權以債權之存在為前提；利息之債附屬於原本之債而存在是。

己、原權與救濟權

以權利發動之順序為標準，可分為原權與救濟權二者，分述如左：

㈠**原權**　原權亦稱「第一權」，乃法律直接賦與之獨立權利也，例如所有權是。

㈡**救濟權**　救濟權亦稱「第二權」，乃因原權受侵害時發生之權利也，例如損害賠償請求權是。救濟權既因原權而產生，似亦可列入上述之附屬權（從權利）內，然二者實有下列之不同①救濟權為請求權，而附屬權則多為支配權；②救濟權因原權受侵害當然發生，而附屬權則嘗與主權利一併發生，或依特別設定行為而發生；③救濟權以原權之缺損為前提，而附屬權則以主權利之存在為前提，故救濟權乃原權之變形，而附屬權乃主權利之增加。

庚、其他權利

權利除上述之外，尚有所謂形成權、抗辯權、反射權、社員權、及代理權數種，惟此種權利，雖亦名為權利，但其性質特殊，與一般權利不同，玆分述之：

㈠**形成權**　形成權者即依當事人一方之意思表示，使某種權利發生，變更或消滅之權利也。其發生權利者，如無權代理之承認權（民法第一七〇條第一項）是；其變更權利者，如債權之選擇權（民法第二〇八條）是；其消滅權利者，如撤銷權（民法第一一四條）是。此外尚有所謂解除權，抵銷權等，亦皆屬形成權之一種。惟形成權之性質，並非獨立之權利，祇不過附隨某一法律關係，藉以求法律關係之發展或使之歸於終結而已，換言之，形成權乃一般權利之先驅，亦即僅具手段作用，故學者間有稱之為「副權利」者，良有以焉。又形成權既係附隨於法律關係而存在，故不能單獨讓與，則吾人縱否認其為權利，亦未嘗不可也。

㈡抗辯權　抗辯權者乃對於請求權具有反抗拒絕作用之一種債務人之特別權利也。可分為延期抗辯權與永久抗辯權兩種。前者具有暫時拒絕他人請求權之作用，換言之，即得一時的妨止他人行使請求權之權利，例如同時履行抗辯權（民法第二六四條第一項）是；後者乃具有永久得拒絕他人請求權之作用，亦即絕對的得消滅他人請求權之權利，例如消滅時效後債務人之抗辯權（民法第一四四條第一項）是也。抗辯權亦係附隨於一定之法律關係而存在，除消極的防止請求權外，別無其他作用。

㈢反射權　反射權者乃法律命特定人或一般人為某種作為或不作為，因而其他之特定人或一般人取得享受其利益（參照本章第二節權利有關學說⑵利益說）之地位者是也。此種利益乃由法律效果之反射作用而生，故謂之反射利益，反射利益任何人不得以訴主張之，換言之，亦即無權利人之存在，故一般多不承認其為一種權利。

㈣社員權　社員權者乃社團法人之社員對於該社團所享受之一種包括的權利也。例如表決權、業務執行權、監督權、利益分配請求權等屬之。惟此種權利，非具有社員資格，則無由取得，換言之，僅能附隨於該項社員資格而存在，故亦有不承認其為獨立之權利者。

㈤代理權　代理權者乃代理人以本人名義與第三人為法律行為，而使其效果直接歸屬於本人之一種權利也。此種權利法律上雖亦以「權」名之，其實不過係一種資格而已，並非權利也。

第二、義務之分類

義務與權利為相對之概念，其關係極為密切，一般言之，有權利必有義務，有義務亦必有權利，因而義務之分類，亦與權利之分類相當，原可比照得之，似無為列舉之必要，惟為明確起見，茲就其重要者述如左：

甲、公法義務與私法義務

以義務所依據之法律為標準，可分為公法義務與私法義務兩種，分述如左：

㈠公法義務　公法義務者依據公法所負之義務也。例如憲法列有人民之自由權，其反面則國家負有不得侵害此自由權之義務，是為國家應負之公法義務。至於人民之公法義務，為數雖不在少，但憲法上僅列舉三種，即①納稅，②服兵役，③受國民教育（參照憲法第一九、二〇、二一條）是也。此外其他法律規定國民應盡之義務，亦屬此之所謂公法義務，如「國民義務勞動」之義務，即其適例。

㈡私法義務　私法義務者依據私法之義務也，例如債務是。

乙、積極義務與消極義務

以義務之形態為標準，可分為積極義務與消極義務兩種。詳請參照前述之「㈠義務概念⑵」，茲不贅述。

丙、對世義務與對人義務

以義務效力之範圍為標準，可分為對世義務與對人義務，分述如左：

㈠**對世義務**　對世義務亦稱絕對義務，乃一般人均承受其拘束之謂，例如對於所有權不得侵害，則不論任何人皆負有此項義務是也。

㈡**對人義務**　對人義務亦稱相對義務，乃特定人對特定人承受其拘束之謂，例如債務人祇對債權人負有清償義務是也。

丁、專屬義務與移轉義務

以義務具否移轉性為標準可分為專屬義務與移轉義務兩種分述如左：

㈠**專屬義務**　專屬義務者僅特定人可以負擔之義務也。此種義務有為其性質上之不得不然者，例如因身分關係而發生之親子間之義務，及夫妻間之義務是；有為當事人之約定者，例如某人應聘講演，或某伶應聘演劇是。

㈡**移轉義務**　移轉義務者乃履行之行為可以移轉於他人者也。例如一般金錢債務均可移轉是也。

戊、主義務與從義務

以義務間相互關係為標準可分為主義務與從義務，分述如左：

㈠**主義務**　主義務乃義務之獨立存在者也。主義務乃針對主權利而產生，例如一般債務是。

㈡**從義務**　從義務乃附隨主義務而存在者也，亦即針對從權利而產生，例如利息之債務是也。

己、第一義務與第二義務

以義務發生之順序為標準，可分第一義務與第二義務，分述如左：

㈠**第一義務**　第一義務者乃原始的義務也。第一義務係針對原權而生，例如對於他人之人格權負有不侵害之義務是。

㈡**第二義務**　第二義務者乃因不履行第一義務而發生之義務也。此義務係對救濟權而設，例如對於他人之人格權如有侵害，則發生損害賠償之義務是也。

第四節　權利義務之主體

權利義務不能空懸，必有所歸屬，換言之，有權利必有享受之者，有義務亦必有負擔之者，此享受者負擔者究屬伊誰？即所謂「權利義務之主體」是也。權利義務之主體即法律上所稱之「人」。法律上所稱之「人」，與一般所稱「人」之涵義不同，乃包括「自然人」與「法人」兩者而言，此兩者均可為權利義務之主體，蓋法律均賦予「權利能力」也。所謂權利能力者，即堪為權利義務主體之地位或資格也，不曰「權利義務能力」，而僅稱「權利能力」者，因現代法制尚多為以權利為中心之立法，故仍用通稱耳。茲分別自然人與法人敘述如左：

第一、自然人

自然人指具有五官百骸，血肉之軀，而為萬物之靈者而言，一切自然人皆平等的具有權利能力，此為現代法律之原則，惟此原則之樹立，實有其悠久之歷史，在昔大家族制度之下，僅家長具有完全之權利能力，其餘服從家長權之家屬及奴隸，則祇有極小限度之權利能力，或竟無之。尤其在莊園制度下，農民多隸屬於土地，而為土地之附屬物，服從地主之權力，其自身更無權利能力之可言。然自交換經濟發達以後，上述之家屬、奴隸、農民等始漸為獨立交換、買賣之當事者，而於此範圍內有權利能力，其後因中世紀都市制度之發達，以及近世工場制度之勃興，遂致多數人一面受雇於人，而取得工資，一面購入生活資料，而為權利義務之主體，似此社會經濟關係之變遷，實前述原則之所由樹立也。迨法國大革命之結果，則一切自然人始均平等的具有權利能力，而以前不平等之現象，一概消除矣。惟此一原則雖亦適用於「外國人」，然關於公法上之權利義務，如參政權，服兵役義務等，及雖為私法之權利義務，但攸關國家民族之重大利益者，如礦業權，漁業權等，對於外國人之權利能力，仍不無限制耳。

一切自然人皆有權利能力之原則，在法、瑞等國民法均有明文規定，我民法雖無直接規定，但既規定人之權利能力始於出生，終於死亡（民法第六條），則可知人一出生，即當然的，無條件的取得權利能力，直至死亡為止。故該條之規定，非僅在直接規定權利能力之始期終期，亦正間接規定一切自然人皆平等的具有權利能力也。

自然人之權利能力既以出生為始，則未出生之胎兒原則上自無權利能力之可言，亦即不能為權利義務之主體。但法律為保護胎兒起見，乃有例外規定之設，我民法第七條有：「胎兒以將來非死產者為限，關於其個人利益之保護，視為既已出生」，即係此種規定也。

自然人之權利能力，既以死亡為終，則非至死亡後，其得為權利義務主體之資格，自不消滅。然法律上亦設有例外之規定，即死亡宣告是也。所謂死亡宣告者，即自然人離去其住所或居所，生死不明，達一定期間時，由利害關係人聲請法院為死亡宣告，使之與真實死亡發生同等效果者也。蓋人既失蹤，則其有關之權利義務，必無法確定，此種狀態，若聽其長久繼續，則不利社會者甚大，例如財產之荒廢及配偶繼承人之不利等問題，均有善後處置之必要，故法律上遂設有死亡宣告制度以濟其窮。惟死亡宣告效力之範圍，則僅限於結束以失蹤人原離去之住所或居所為中心之法律關係而已，若該失蹤人實際於他地尚生存時，則其權利能力，並不因此死亡宣告而終了。又失蹤人一旦生還原地，關於已結束之法律關係，固非撤銷宣告，不能復活，但歸還後新生之法律關係，其效力當然不受妨礙也。

第二、法　人

法人者自然人以外之得為權利義務之主體者也。於個人主義最高潮時代之法律，本衹承認個人有權利能力，對於團體不過於最小限度內例外的以準個人視之而已。然自十九世紀至二十世紀資本主義經濟發達之結果，促成資本集中，而財產集團（如各種公司）於焉出現。其後與此資本團體對抗之職業團體及勞動團體等亦急速發達，因而社會上團體之地位，日形重要，結果現代法律遂認定此等團體亦可為權利義務之主體，而具有權利能力矣。惟關於法人本質之學說，極不一致，約有：①擬制說：謂權利能力，唯自然人始有之，法人之權利能力，乃法律上之虛擬者，此說為德國法學家薩威尼(Savigny)所倡；②否認說：謂屬於法人之權利，本為無主，但為遂行特定之目的計，特予以權利能力也。此說德人布林茲(Brinz)倡之；③實在說：認為法人為集合的組織體，在法律上有其獨立之意思，與自然人無異，自應具有權利能力，而為權利義務之主體。此說為法國學者米紹德(Mechoud)及沙列斯(Saleilles)等所主張，於今學者宗之。惟學說雖多，不過理論之爭而已，於實際問題之處理，無大影響。蓋無論如何，法人之制度，總不外乎因社會上有此事實，此事實又具有社會價值，法律遂賦予其人格，以應社會之需要也。

法人與自然人既同為權利義務之主體，其權利能力原則上自應相同，但就生理上言，法人與自然人，究屬有別，故性質上專屬於自然人之權利義務，如親屬法上之親權，扶養義務等，法人當然無從享有或負擔。其次自然人之權利能力始於出生，終於死亡，而法人之權利能力，則以成立為始，原則上以解散為終（清算期間，視為存續）。又自然人之權利能力僅受法律之限制，而法人之權利能力則受法律及命令之限制，此皆為二者不同處。

法人依其設立所根據法律之不同，可分為「公法人」與「私法人」兩種，前者根據公法而設立，如國家及其他自治團體等是；後者根據私法而設立，如民法上之法人及公司法上之公司等是。公法人不僅為公權之主體，亦可為私權之主體，例如國家雖為公法人，但亦得為財產所有人，而享有私權；私法人不僅為私法之主體，亦可為公權之主體，例如公司雖為私法人，但亦得依法提起訴訟，而享有公權是也。

私法人以其設立基礎之不同，可分為「社團法人」與「財團法人」兩種，前者乃依一定目的而結合之人的組織體，即以社員為其成立之基礎，故為人之集合；後者乃供一定目的之財產的組織體，即以捐助財產為其成立之基礎，故為財產的集合。

私法人以其事業目的之不同，又可分為「公益法人」與「營利法人」兩種，前者即專以社會公共利益為目的而設立之法人；後者乃以社員之獲得經濟利益為目的而設立之法人也。我民法之財團並無以營利為目的者，故概屬公益法人。但社團則為公益法人者有之，為營利法人者亦有之。

第五節　權利義務之客體

權利義務關係之成立，須有主體，已見前節。有主體斯有客體，權利義務之客體者，即權利義務之對象也。權利義務既有多種，則其對象，自亦不一，例如物權以物為其客體；債權則以債務人之一定行為（作為或不作為）為其客體；人格權則以與人格權不可分離之利益為其客體；身分權則以特定身分關係之人為其客體；無體財產權則以其精神產物為其客體，此外權利本身亦得為其他權利之客體（如權利質權），企業在某種情形之下，亦得為權利之客體（如公司合併，即係不經清算程序，而將權利義務為概括的繼受，則公司即係此種繼承權之客體），總之權利義務之客體，種類繁多，且常隨社會文化之進展，及經濟之變遷，而日有擴大之勢，茲就其主要者，即「物」與「行為」兩種，分述如左：

第一、物

㈠物之意義　物有物理上之物與法律上之物，物理上之物係就物之本身性質而觀察，法律上之物則就物與人之關係而觀察，故法律上之物，不過為一種社會的觀念而已，既為社會的觀念，則可因時因地而有不同，但總須具備左列各要件：

(1)須在人力所能及之範圍：物非人力所能及者，如日月星辰等，雖不失為物理上之物，然事實上既非人力所能支配，自不能謂為法律上之物，不過時代進步，科學發達，吾人支配物體之範圍，亦日漸擴張，如電流在昔日非人力所及，今則運用自如，故不可不列入法律上之物，從而我刑法遂有竊盜電氣者以竊盜動產論之規定矣。

(2)須足供吾人所需要：凡物能為權利義務之客體者，必其能滿足吾人生活之需要也，不然不成為法律上之物，例如一滴之酒，一粒之粟，雖亦為物理上之物，然以其不能滿足吾人之需要故不得為法律上之物。

(3)須為獨立之物體：所謂獨立之物體者，即能獨立有其個體，而非物之成分，例如一隻鞋雖為物理上之物，但為物之成分，究不能獨立為權利義務之客體，故仍非法律上之物。惟原物解體後，其成分能獨立為一體，而足供吾人之需要者，亦得為權利義務之客體，例如房屋拆毀之木料，磚瓦等是。

(4)須為外界之一部，而非屬於人身者：所謂物須為外界之一部，即指不能以人之身體為物權之客體而言。蓋奴隸制度已為近世法律所否認，則他人之身體自不得與物同視，雖自己之身體，可成為人格權之客體，但究非物權之客體，故以自己身體之一部供擔保者，自為法所不許。然就自己身體一部分分割之牙齒，毛髮等為處分之標的，而成立契約，亦可於不背公序良俗之範圍內，認為有效，例如為理髮，拔牙以及輸血而得報酬之契約是也。至於屍體原為特種之物體，亦得成立所有權，唯此所有權，須依習慣屬於喪生，而專以埋葬義務為其內容，不得如一般所有權，而為使用收益或處分也。

綜據上述則可知法律上所謂「物」，乃人身以外足供吾人之需要，而為人力所能支配之獨立的物體或自然力也。

(二)物之分類

物可依種種標準，區分為左列各類：

(1)動產與不動產：依民法之規定稱不動產者，謂土地及其定著物。所謂土地係指一定範圍之地面，並包含其上下（空中與地中）而言，故地上之砂石等物，當然為土地之構成部分，不能視為已與土地分離之獨立物，但地中之礦物，依礦業法之規定，應歸國家所有，可知礦物僅得為公權之客體，而不得為私權之客體。所謂土地之定著物者，即固定附著於土地，而不易移轉其地位之物也。既曰「固定」，則非臨時性可知，如鄉間演戲所搭之戲棚，雖附著於土地，但以係臨時之故，非此之所謂定著物也，既曰「附著」，則可知尚未至於與土地不能分離之程度，即尚為獨立之物，否則如假山雖固定不移，但非附著於土地，乃係土地之一部，故亦非此之所謂定著物也。必也繼續附著於土地而被使用，且依社會之經濟觀念，認為有與土地相獨立之價值者，始得謂為土地之定著物，如房屋及其他建築物是也。

其次動產依民法之規定，為不動產以外之物，此乃消極之規定，即凡在土地及其定著物以外之物皆為動產是。惟民法第六十六條第二項有：「不動產之出產物尚未分離者，為該不動產之部分」之規定，則可知不動產之出產物，雖將來可為動產，但在其與不動產尚未分離前，仍為該不動產之部分，而不得謂為動產也。如未熟之稻，仍為稻田之部分；已刈之麥，則已獨立為動產矣。

(2)主物與從物：主物乃與從物相對待之名詞，即具有獨立效用之物是，我民法關於主物無明文規定，僅能於從物之規定中間接見之，蓋倘無從物，則無區別主物之必要也。從物依民法之規定，即非主物之成分，常助主物之效用而同屬於一人者是。可知從物須具備三要件即：①須非主物之成分而為與主物相獨立之物，例如鑰之於鎖，則鑰為從物，而樑柱之於房屋，則樑柱非從物，乃房屋之成分，而不與房屋相獨立者也；②須常助主物之效用，而非僅以補助一時為目的之物，例如上述之鑰為從物，而掛於客廳之字畫則非從物；③須從物與主物同屬於一人之所有，例如門窗與房屋須為一人之所有，始生主從之關係，否則如係二人所分有，則不得謂門窗為房屋之從物也。以上三種要件具備後，始得稱為從物，但依交易上之習慣，而不視為從物者，仍不得為從物，如錶之與錶，購錶時仍應單獨購錶是也。

(3)原物與孳息：我民法對於原物無規定，因可於孳息規定之反面見之也。孳息者由原物或原本所產生之收益也，可分為天然孳息與法定孳息兩種：所謂天然孳息者即果實，動物之產物，及其他依物之用法所收穫之出產物是。可見天然孳息包括：①果實，如脫秧之瓜與離枝之果是；②動物之產物，如牛之犢，雞之卵是；③依物之用法所收穫之出產物，如開礦得金是也。所謂法定孳息者即利息，租金及其他因法律關係所得之收益是。可見法定孳息包括：①利息或租金，如金錢之利息及房租地租是，雖亦先有原物或原本而後發生，但非由物直接生產，此點與天然孳息不同；②其他因法律關係所得之收益，此項收益則不限於原物或原本使用所生之收益，即權利所生之收益，例如承租人轉租而得之租金，亦包括在內。

(4)其他之分類，上述三項分類，乃民法中明文規定者，此外學理上尚有種種分類，即：①融通物與不融通物：前者得為法律行為之客體，如一般之物是；後者則否，如公有物，公用物及禁止物是。②可分物與不可分物：前者不因分割而變更其性質或減少其價值，如土地，金錢，米穀是；後者則與之相反，如牛馬房屋是。③消費物與非消費物：前者一經使用即歸消滅，如米麵，油，鹽是；後者則否，如衣服，書籍是。④代替物與不代替物：前者僅著眼於物之種類，可以同種類同數量之物代替，如金錢，米穀是；後者著眼於物之個性，不能以他物代替，如字畫，古玩是。⑤特定物與不特定物：此種區別非以物之性質為標準，乃以交易上當事人之意思為標準，即依當事人之意思具體指定之物，則為特定物，如某市某區某街某號樓房是；反之依當事人之意思泛指某種品類，某種數量之物，則為不特定物，如若干畝土地，若干斗米是。⑥單一物，合成物，與集合物：單一物即形式上具有獨立之一體者，如牛馬，樹木是；合成物即數個之物結合而成，且其構成部分已失其個性者，如建築物，鐘錶是；集合物則為獨立之物之集合，如圖書館，羊群是也。

第二、行　為

權利義務之客體除「物」以外，行為亦佔主要部分。以公法上之權利義務言之，則參加政治活動之行為，為參政權之客體，服兵役之行為，為公法義務之客體。以私法上之權利義務言之，則債務人之給付行為，乃債之客體。時至今日，工商業發達，債之制度，應用日廣，則堪為其客體之「行為」，在法律關係中，其地位之重要，實與前述之「物」，不相上下矣。

行為有積極與消極之別，所謂積極行為者即行為人有所作為也。例如僱傭關係，一方為他方服勞務，他方則給付報酬，此服勞務與給付報酬，即均為積極行為也。所謂消極行為者即不作為是也，例如一般人對於他人之物權，均不得侵害，此即不作為也。又如甲為準備高考與鄰人乙約夜不彈琴，則此不彈琴亦為不作為。依我民法第一百九十九條第三項之規定「不作為亦得為給付」可知消極行為，亦係權利義務之客體之一種。

第六節　權利義務之變動

法律關係，不僅可由權利義務之主體與客體方面，作靜態的觀察，同時亦可由權利義務本身之變動上，作動態的觀察，所謂變動者不外為如何發生，如何變更，如何消滅，以至權利如何行使及義務如何履行是也，玆分述之。

第一、權利義務之發生

權利義務之發生者，即權利義務開始與其主體相結合之謂也。可分絕對的發生與相對的發生兩種：

㈠**絕對的發生**　絕對的發生者，乃非基於既存之權利義務而發生，純係一種原始的新的權利義務之發生是也。故單在權利方面言之，謂之原始取得，例如無主動產之先占，遺失物之拾得，及時效取得等是也。

㈡相對的發生　相對的發生者，即基於前主之權利義務而生者也。此種發生若單從權利方面觀之，則謂之繼受取得。繼受取得，復可分為下列四項：

⑴概括繼受：亦謂之包括繼受，係基於一個原因，合多數權利義務為一體，而繼受者，例如繼承，及公司合併是。

⑵特定繼受：即基於個個原因，而繼受個個權利者，例如買賣及贈與是。

⑶移轉的繼受：前主權利原樣移於後主，謂之移轉繼受。一般之繼受，大抵如此。

⑷創設的繼受：亦稱設定的繼受，即將前主權利之內容之一部，作為別種權利而繼受者，例如地上權，抵押權之設定是。

第二、權利義務之變更

權利義務之變更者，即其存在之形態，有所改易或增減是也。可分為主體變更與客體變更兩種：

㈠主體變更　主體變更者，權利義務之主體有所改易增減也。例如債權人將其債權讓與第三人時（民法第二九四條），是乃權利主體之變更；而第三人與債權人或債務人訂立契約，承擔債務時（民法第三〇〇條、第三〇一條），是乃義務主體之變更，此兩種情形係屬於改易者。又如一人之權利義務歸於數人，或數人之權利義務歸於一人，此亦為主體之變更，但係屬於增減者。不過權利義務主體之變更，在另一方面觀之，與前述之各種「繼受」，實一而二，二而一也。

㈡**客體變更**　客體變更者，即權利義務之客體有所改易或增減是也，復分為下列二項：

⑴數量變更：如債務因一部清償而減少；債權之存續期間之延長或縮短是。

⑵性質變更：如無息債權變為有息債權；原債權變為損害賠償之債權是。

第三、權利義務之消滅

權利義務之消滅者，權利義務與其主體相分離之謂也，單在權利方面言之，則謂之喪失。亦分為絕對的消滅與相對的消滅兩種：

㈠**絕對的消滅**　絕對的消滅者，乃權利義務本質之消滅，亦即權利客體之喪失是也，例如書籍燒燬，則書主所有權喪失，債務清償則債務人之義務消滅是。此外尚有請求權罹於消滅時效而消滅者，又有因權利人之拋棄而喪失者是，皆絕對的消滅也。

㈡**相對的消滅**　相對的消滅者，權利義務之本質並不消滅，僅其主體有所改易，換言之，即由原主體移轉新主體是。此在另一方面觀之，實即前述之「主體變更」也。

第四、權利行使與義務履行

權利行使與義務履行均為促成權利義務變動手段之一，關於行使及履行之方法，法律均有限制，茲分述如左：

㈠**權利行使**　權利行使者，權利之主體者或有行使權者，就權利之客體，而實現其內容之正當行為也。蓋欲享受權利內容之利益，必須經過使權利現實化之行為，例如居住自有房屋之行為，即係房屋所有權之行使；到期領取薪水之行為，即係債權之行使。權利既有種種之不同，因之行使權利之行為亦不相同：有為法律行為者，如依撤銷權而為撤銷是；有為事實行為者，如所有人任意處分其所有物是，此在私法言之也。若以公法言之，則國家向人民課稅，或徵兵，人民為選舉而投票或向法院訴訟等皆公權之行使也，總之，權利行使之方式繁多，不及備舉。

權利之行使與否及如何行使，在個人主義時代，本屬權利人之自由，法律不能加以強制，或限制，但其結果竟發生任意怠荒及恣情濫用之情事，影響於社會之公益者甚大。因而近世法律對於權利之行使，遂不得不予強制或設有限制矣。所謂強制者，即對怠於行使權利，而致不利於社會者，強制其行使是也，例如土地、機械、資材等於經濟生產上本具有極大之重要性，倘其所有者任意放置而不利用時，則為法律所不許，此在德國一九一九年之憲法第一百五十三條有：「所有權包含義務」之規定，是即明示權利之不行使，非權利人之自由也。其次權利人行使權利須不違反社會的，經濟的目的，換言之，須不背於公共之福利，否則構成權利濫用，而為法律所禁止。德國民法第二百二十六條有：「權利之行使不許專以損害他人為目的」，日本民法第一條第三項有：「權利之濫用不准許之」，我民法第一百四十八條亦有：「權利之行使，不得以損害他人為主要目的」之規定，是皆對於權利之濫用，予以明文禁止者也。

㈡**義務履行**　義務人盡其義務之謂也。義務如何履行？日本民法第一條第二項規定：「權利之行使及義務之履行，須信義而誠實為之」，瑞士民法第二條第一項亦規定：「行使自己權利及履行自己義務，應依誠實及信義為之」，我民法第一百四十八條第二項規定：「行使權利，履行義務，應依誠實及信用方法」，其趣旨正相同也。

第十章 法律之結構及內容

第一節　法律之結構

法律為一種社會生活規範，前已言之，此種規範全係人類基於社會生活經驗的事實而制定，故亦可謂為經驗的規範。其作用在乎指示吾人於社會上何者應為，何者不應為，何者得為得不為。以此吾人之行為始有所準據，故法律又可謂為「行為規範」。

「行為規範」之內容，須通過國家公權力之立法機關之立法作用及司法機關對於各個法規之適用作用，始能實現，並非任由任何個人隨意想定。因此關於法規之如何制定，如何適用，實應另有法律予以規定，同時何種犯罪，應科何種刑罰，何種爭訟，應予如何裁判，亦應另有法律為之安排，然後對於上述行為規範之實現，始能有所保障，而不致落空。此兩種法律，前者稱為「組織規範」，後者稱為「裁判規範」，於是整個之法律遂由此「行為」，「組織」及「裁判」三種規範而構成，並分別發揮其機能，茲分述如左：

㈠**行為規範**　行為規範內容最廣泛，有宗教的、道德的、習慣的、以及技術的規範種種，法律僅其中之一而已。行為規範之特點，即在乎具係對於營社會生活之一般人而設，例如契約之不可不履行，名勝古蹟之不可加以損毀，以及行路須靠右邊走等，皆係對一般人所設之行為準則也。惟行為規範既包括宗教的、道德的、習慣的、及技術的多種，但此多種的行為規範如欲成為法律規範，則非通過組織規範而制定之不為功也。

㈡裁判規範　裁判規範者，乃對於違反行為規範之行為加以一定之制裁，以維持法律秩序之規範也。因而裁判規範並非對社會上一般人而設，乃對於負有裁判任務之法官而設，此點與行為規範不同。不過法官適用裁判規範，以維持法律秩序，並非以其私人之資格，而係以國家機關之立場為之，可見裁判規範之實現，亦須藉依法組織之國家之公權力之保障，換言之，裁判規範亦以組織規範為其後盾也。

㈢組織規範　前述之行為規範與裁判規範二者，須如何制定之為法律，以至於如何適用，如何執行等，必須由於一個統一的組織的力量所決定，並非任由私人之自主判斷所得主張。換言之，關於法律之制定、適用，須由國家之中心權力行之，但其組織及步驟亦須以法律加以規定，所謂「以法行法」是也。似此規定法律之制定、適用之法律，謂之組織規範。例如憲法，五院組織法，法院組織法及公務人員有關各法是。此等法律即係明定法律之制定、適用、執行等應由如何之組織，依如何之方法為之，以及掌理是項任務之機關，其內部之組織及其權限者。故組織規範既非社會上一般人生活準則之行為規範，亦非維持社會生活秩序之裁判規範也。

以上之三種規範構成法律之全部，惟於現行法典中，欲截然劃分何者為行為規範，何者為裁判規範，何者為組織規範，實屬難能，蓋一種法典中每多包括兩種，甚至於三種兼而有之，雖其所佔分量之比例，容有輕重之不同，然而純屬於某一種，而不夾雜其他者，則未之有也。倘勉強分之，則民法、刑法等可列為行為規範（但刑法中行為規範僅隱存而已）；訴訟法可列為裁判規範，至組織規範即前舉例之憲法，及各機關組織法是已。

第二節　法律之內容

前節所述，係從法律整體之結構上，作抽象的觀察，本節則擬就各種法律之內容上，為具體的說明。惟法律繁多，在說明上第一不能無順序，無順序則不能分體系，第二不能無取捨，無取捨則何以別重輕。故本節之說明，仍須依照前第四章第二節「基於法之內容之分類」之附表所列之順序為之，即憲法、行政法、刑法、民事訴訟法、刑事訴訟法（以上屬公法體系）、民法、商事法（以上屬私法體系）、經濟法、勞動法（以上屬公私綜合法體系）、國際私法（國內法之間接法）及國際法等十一種，所以明體系也。語云：「法令多如牛毛」，雖辭近誇張，但法律究不止此十一種，不止此十一種而敘述僅以此十一種為限者所以別重輕也。況本書乃敘述法律共通原理原則之書，並非分別研究各種法律之專門著作，因而本節雖欲就以上各種重要法律之內容為具體之說明，然卻不能為詳盡之敘述，祇能就其重要處，提綱挈領為之而已，雖「語焉不詳」，但願「疏而不漏」也。

第一、憲　法

㈠**憲法之意義**　關於憲法之意義，前於第三章第一節直接法源中已略言之，茲再就其實質的意義與形式的意義分述如下：

⑴實質的意義：實質的意義之憲法，依廣義言之，即「國家根本大法」是也，依狹義言之則專指立憲政體國家之根本法而言，然無論何者，其規定內容總不外為國家之要素，(如國體、主權、國民、領土)，國家機關之組織與權限，以及人民之權利與義務等項。在此實質之意義下，則憲法乃隨國家之成立而存在，換言之，無論任何國家，莫不有其憲法，但各國政情不同，政治觀念亦異，因而各國憲法所規定之事項，並不一致。例如人民權利義務，一般國家之憲法均力求詳盡，為列舉兼概括之規定，乃法國第三共和憲法，竟付闕如。又如無關國家根本組織者，自應屬於普通法律之範疇，乃瑞士現行憲法竟將肉店宰殺牲畜，須先行痲醉一事列入憲法之中，可見各國憲法在實質上亦殊難劃一，蓋因其具有歷史性與民族性故也。

⑵形式的意義：形式意義之憲法，即專指成文憲法而言，申言之，即具有「憲法」名稱之法典是也。形式意義憲法每有二種特徵：其一，憲法之效力高於普通法律，凡與憲法牴觸之法律，均不能認為有效(參照我憲法第一七一條)。其二，憲法之修改難於普通法律，此又可分兩方面：即①修改機關之不同，憲法多由特別機關修改，而普通法律則由通常之立法機關修改；②修改手續之不同，憲法之修改須依特

別手續，而普通法律則依一般手續是也。

㈡憲法之種類　憲法因觀察時所取標準之不同，可為下列之分類：

⑴成文憲法與不成文憲法：此種分類係以憲法之有無制定為獨立之法典為標準。凡制定為獨立之法典者為「成文憲法」，例如我國憲法是也。惟所謂獨立之法典，並不以一種法典為限，亦有為數種法典集合而成者，如法國第三共和憲法乃合一八七五年二月至七月所公布之「公共機關組織」「參議院組織」及「公共機關之關係」三種法典而成是。其次凡未制定獨立之法典，僅散見於各種單行法規及習慣者為「不成文憲法」，如英國憲法是。惟所謂不成文者亦非絕無條文記載之謂，如英國憲法即含有四種成分，即：①國家頒布之重要文件，如一二一五年之大憲章，一六二八年之權利請願書，及一六八八年之權利宣言等屬之。②議會制定之法律，如一六七九年之出庭狀法，一七〇一年之皇位繼承法等屬之。③普通法，即法院依據習慣以判決案件，久之遂成判例而有通行全國之效力者是。④憲法慣例，如國王對於議會通過之法案久不行使否決權，內閣不為下院所信任，非解散議會即自行辭職，國會每年至少須開會一次等是。

⑵剛性憲法與柔性憲法：此種分類係以憲法修改之難易為標準。凡憲法之不依普通立法程序而另由特別機關依特別手續始能修改之者為「剛性憲法」。如我國憲法之修改，原須由國民大會，而其程序則須有國民大會代表總額五分之一之提議，三分之二之出席，及出席代表四分之三之決議，今則須經立法院立法委員四分之一之提議，四分之三之出席，及出席委員四分之三之決議，提出憲法修正案，並於公告半年後，經中華民國自由地區選舉人投票複決，有效同意票過選舉人總額之半數通過等均是。其次凡憲

法可適用一般立法程序以修改，即與普通法律修改無殊，亦即修改較易者為「柔性憲法」。不成文憲法均為柔性憲法，如英國憲法是；但成文憲法未必皆為剛性憲法，如義大利一八四八年憲法，雖為成文憲法，但其修改仍由議會依普通立法程序為之，即其適例。

(3)欽定憲法、協定憲法與民定憲法：此種分類係以憲法制定之機關為標準。憲法由君主制定者為欽定憲法，如日本之明治憲法是；由君民共同制定者為協定憲法，如英國之大憲章是。由國民制定者為民定憲法，如美國憲法及我國現行憲法是。不過學者間有認為我國憲法亦僅屬於協定憲法之一種，蓋其所謂「協定」乃廣義性者，即除君主與人民之協定外，復包括各黨派之協定在內也。

(4)三權憲法與五權憲法：此種分類係以憲法之實質內容為標準。凡將政府之職務，分別賦予立法、司法、與行政三種機關，而互相制衡者為「三權憲法」，三權憲法導源於孟德斯鳩(Montesquies)之三權分立論，美國獨立後首先採用三權憲法，其後歐美各國大都採用之。其次將政府職務分別賦予立法、司法、行政、考試與監察五種機關，而分工合作者為「五權憲法」。五權憲法為　國父孫中山先生所獨創，我國之現行憲法即屬之。

(三)我國憲法內容概要及其特色　我國現行憲法係於中華民國三十五年十二月二十五日經國民大會制定，三十六年元旦國民政府公布，同年十二月二十五日施行，其內容共分十四章，共一百七十五條。除首列弁言，表明憲法之淵源及精神外，其第一章為「總綱」，規定國體、主權、國民、領土、民族平等及國旗等六項；第二章為「人民之權利義務」，即將人民在公法上之基本權利義務，加以列舉及概括之規定（詳請參看本書第九章第二節）。第三章為「國民大會」，規定國民大會之地位、組織、職權及集會等四項。第四章為「總統」，規定總統之地位與職權及總統副總統之資格、任期、產生、缺位、繼任及保障等事項。第五章為「行政」，規定行政院之地位，院長之產生，行政院之組織，行政院之責任，及行政院會議等項。第六章為「立法」，規定立法院之地位、組織、職權、會議等項。第七章為「司法」，規定司法院之地位、職權、組織、及司法獨立之保障等項。第八章為「考試」，規定考試院之地位、職權、及組織等項。第九章為「監察」，規定監察院之地位，組織及職權等項。第十章為「中央與地方之權限」，規定中央與地方事權劃分之標準、項目、及剩餘權之分配等項。第十一章為「地方制度」，規定省制（包括省民代表大會、省議會、省政府）及縣制（包括縣民代表大會、縣議會、縣政府）等項。第十二章為「選舉、罷免、創制、複決」，規定此四種政權之如何行使及保障等項。第十三章為「基本國策」，規定國防、外交、國民經濟、社會安全、教育文化及邊疆地區等之基本國策。第十四章為「憲法之施行及修改」，規定憲法之效力、解釋、及修改程序等項。以上即我國憲法內容之概要也。至其特色，言之計有左列四端：

(1)政權與治權之劃分：政權為人民管理政府之權，分為選舉、罷免、創制、及複決四種，治權為治理國事之權，分為行政、立法、司法、考試及監察五種。前者操諸人民手中，後者授諸政府行政，俾人民有權，政府有能，相得益彰，國家必臻於郅治。此乃　國父所倡導，較之主張直接政府制者授人民以權，而強其所不能，或主張代表政府制者，因人民之無能，而並剝奪其權者，其相去何啻霄壤。我憲法將此優良之政制納入其中，彌足生色。惜其實質，尚有未能完全符合　國父遺教之處，不免令人有美中不足之感。

(2)五權分立制度：五權分立制度為　國父所創，前已言之，此種制度與上述之權能劃分理論，必須互相配合，始能發揮其效用，蓋權能劃分為國權之縱的分配，而五權分立則為國權之橫的分配，縱橫交織，始成一完整之政制，否則一經割裂，即全失其作用矣。五權分立與三權分立不同之處，有：①三權為立法、行政、司法三者，五權則於此三者外復益以考試與監察二者。②三權無政權與治權之區別，五權則為權能劃分制度之治權部分。③三權分立其作用在乎互相牽制，防止政府之專橫，五權分立，則在乎分工合作，造成萬能之政府，為人民服務。同時五權分立，行政不兼考試則濫用私人之弊去矣；立法不兼監察，則任意牽制行政之弊去矣，故五權分立實最進步之政制也。我憲法採之，實一大特色，惟亦惜乎未能切實貫徹　國父五權分立之理論耳。

(3)中央與地方之均權：均權制度亦為我　國父之最大發明，何謂均權？即非中央集權，亦非地方分權是也。所謂中央集權，即凡全國一切政務均集中於中央政府，而各地方政府僅奉命行事而已；所謂地方分權即將地方政務，歸之於地方政府，中央僅保留監督之權是。此兩種制度，如嚴格行之，則均有流弊，蓋過度集權則難免造成專制之趨勢，激發地方之離心力，且不能普遍適應各地方之需求，難謀全民之福利；若過度分權，則政令不能統一，影響國家之進步，而且何者應屬中央，何者應歸地方，亦無明確固定之界線，以資辨守。可知此二種政制，均不如理想，　國父有鑒及此，乃發明均權制度，即「凡事務有全國一致之性質者，劃歸中央；有因地制宜之性質者，劃歸地方」，使中央地方各得其宜，而無所偏頗，可謂折衷至當。我憲法列有「中央與地方之權限」一章，不惟完全符合　國父遺教，而且舉世獨步，洵足自豪。

⑷基本國策：基本國策者，國家一切政策之依據與本原也。憲法中規定基本國策，雖非自我國始，但若我憲法所列之詳且盡者尚未之前見，舉凡國防、外交、國民經濟、社會安全、教育文化、邊疆地區等問題，均包羅無遺，可謂洋洋大觀，盡善盡美，故亦為我憲法之特色。

我國憲法自民國八十年以來，歷經七次增修，茲簡述增修之主要內容如下：

⑴廢除國民大會：立法院提出憲法修正案、領土變更案，經公告半年，應於三個月內由中華民國自由地區選舉人投票複決，不適用憲法第四條、第一百七十四條之規定。至立法院提出之總統、副總統彈劾案，改向司法院大法官聲請審理，經憲法法庭判決成立時，被彈劾人應即解職。從而，憲法第二十五條至第三十四條及第一百三十五條關於國民大會之規定，停止適用。

⑵總統、副總統直接民選：總統、副總統由我國自由地區全體人民直接選舉之，自民國八十五年第九任總統、副總統選舉實施。總統、副總統之任期為四年，連選得連任一次。

⑶國會全面改選：立法院立法委員自第七屆起一百一十三人，任期四年。其中，全國不分區及僑居國外國民共三十四人，依政黨名單投票選舉之，由獲得百分之五以上政黨選舉票之政黨依得票比率選出之，各政黨當選名單中，婦女不得低於二分之一。

⑷人事同意權由立法院行使：司法院設大法官十五人，並以其中一人為院長、一人為副院長，由總統提名，經立法院同意任命之，自民國九十二年起實施。考試院設院長、副院長各一人，考試委員若干人，由總統提名，經立法院同意任命之。監察院設監察委員二十九人，並以其中一人為院長、一人為副院長，由總統提名，經立法院同意任命之。

(5)省虛級化：省設省政府，置委員九人，其中一人為主席，均由行政院院長提請總統任命之。省設省諮議會，置省諮議會議員若干人，由行政院院長提請總統任命之。省承行政院之命，監督縣自治事項。

(6)基本國策內容之充實：基本國策內容增列十三項，例如：經濟及科學技術發展，應與環境及生態保護兼籌並顧；國家應推行全民健康保險，並促進現代和傳統醫藥之研究發展；國家應維護婦女之人格尊嚴，保障婦女之人身安全，消除性別歧視，促進兩性地位之實質平等；國家肯定多元文化，並積極維護發展原住民族語言及文化等。

(7)兩岸關係法律之制定：自由地區與大陸地區間人民權利義務關係及其他事務之處理，得以法律為特別之規定。

(8)憲法之修改：須經立法院立法委員四分之一之提議，四分之三之出席，及出席委員四分之三之決議，提出憲法修正案，並於公告半年後，經中華民國自由地區選舉人投票複決，有效同意票過選舉人總額之半數，即通過之，不適用憲法第一百七十四條之規定。

第二、行政法

㈠**行政法之意義**　立於法規之下，除民事及刑事外為一般目的而為之國家作用謂之「行政」，關於行政專有之法謂之「行政法」。換言之，行政法者，乃關於行政權之組織及作用之國內公法也。惟行政法並不若憲法、民法或刑法之有統一的單獨的法典，乃係個個行政法規之總稱，其意義可分述如左：

(1)行政法者乃關於行政組織之法也：行政主體除國家外，尚有公共團體，因而有關國家行政機關，及公共團體之組織之法即為行政法之一部。

(2)行政法者乃關於行政作用之法也：行政法對於行政主體與人民雙方均有拘束力，亦即依行政作用課人民以負擔，或賦予人民以權利時，均須有所準據，非若專制國家之行政，可以任意予奪，無行政法之存在，故行政法者乃規定行政作用準則之法也。

其次行政法與憲法之區別，即憲法為國家之根本法，亦即關於國家之基本組織及其作用之基礎法則；行政法乃立於憲法之上，以憲法所定之原則為基礎，而為關於行政部門之詳細規定也。唯行政機關有時亦以私經濟立場，而為行政作用，此種行政作用則適用私法規定，而不適用行政法，故行政法為公法。

(二)行政法之基本原理

(1)法治主義：所謂法治主義者，乃國家之一切統治作用，均須依法行之之主義也。行政為統治作用之一，則行政亦須依法為之。所謂「依法行政」，或「行政須適合法律」，實為法治行政之原則，亦即近代行政法之基本原理也。依此原理則行政作用所應遵守之原則有：①不得與法律相牴觸，②非有法律根據不得侵害人民權利或使人民負擔義務，③非有法律根據不得為特定人設定權利或為特定人免除此法所課之義務，④法律任行政權以自由裁量時，其裁量亦須合於法律。

(2)公共關係：行政法既為公法，則行政法之法律關係自屬公法關係。因而公法關係之特點，亦為行政法之原理。例如私法關係之爭訟，由普通法院裁判，而行政法關係之爭訟除有特別規定外，則由行政法院裁判是。

㈢行政法之內容

⑴行政組織法：行政組織法者，規定行政機關之組織之法也。一國行政原由國家及公共團體分別擔任，從而行政組織法當然包括國家行政機關及公共團體兩者而為規定。至所謂組織法其內容不外為各機關之權限及其相互關係而已。本來行政作用之發端，肇源於國家，但國家除自身為行政作用外，嘗將行政之一部授權或委任於公共團體行之，一般稱國家直接之行政為「官治行政」，而稱公共團體之行政為「自治行政」；亦有基於行政權是否統一於中央，或分賦於地方，而稱為「中央集權」或「地方分權」者，我國則實行均權制度，前已言之。惟均權制度不過為劃分權限上，設一適當標準而已，其行政權仍分由中央與地方行使，則無殊也。因此我國現行之行政組織亦分為中央行政組織與地方行政組織兩種。在中央以行政院為國家最高行政機關（憲法第五三條），其下設有內政、外交、國防、財政、教育、法務、經濟及能源、交通及建設、勞動、農業、衛生福利、環境資源、文化及科技等十四部，分別掌理各有關一般行政事項。並設有國家發展、大陸、金融監督管理、海洋、僑務、國軍退除役官兵輔導、原住民族、客家等八委員會；又設行政院主計總處及行政院人事行政總處、中央銀行、國立故宮博物院；另設中央選舉委員會、公平交易委員會、國家通訊傳播委員會等三個相當中央二級獨立機關，掌理特定行政事項。此外有將「總統」與「考試院」亦列為行政機關者，蓋依我憲法之規定，總統對於行政權之行使，具有相當之權力，非內閣制國家之元首可比；而考試院亦係立於法規下之作用，且亦屬民事與刑事作用外之作用，由五權憲法制度上言之，考試權固為獨立之權，然而學理上觀之，考試權究為廣義行政權之一部也。其次在地方我國之行政組織，於現行憲法公布前，不僅「省」為官治行政機關，即理論上應視為自

治行政機關之縣市，亦因縣市長非出自民選，且無正式之議會機構，實質上仍未脫離官治行政之色彩，且有行政督察專員制度，存於省縣之間，故我國地方行政組織，在憲法公布前，仍為官治行政。惟憲法公布後，明定省縣得制定自治法，設議會，選首長，市亦實行自治，則省縣市已為自治團體，與行憲前之地方制度大不相同。惜乎省縣自治通則，尚未公布，則應依此通則制定之省自治法及縣自治法，自亦無從產生，故現行地方之行政組織，仍非憲法上所規定者。不過臺灣省縣市級現已實行地方自治，此種地方自治形式上固非本於省縣自治通則，然實質上已收得地方自治之實效矣。動員戡亂時期終止後，經數次修憲，而於民國八十三年七月二十九日公布施行省縣自治法、直轄市自治法，復於八十八年一月二十五日公布施行地方制度法，依地方制度法之規定，省為非地方自治團體；直轄市、縣（市）、鄉（鎮、市）為地方自治團體，具公法人之地位，已逐步落實地方自治。

此外立於行政機關之地位，而擔任其事務之個人，亦屬於行政組織之一部，申言之，即有關為國家或公共團體服勤務之公務員之任用，權利義務及責任等規定，亦屬行政組織法之範疇也，惟限於篇幅，略而不述。

(2)行政作用法：行政作用法者，乃行政權主體（國家或公共團體之機關）對於人民為各種作用時，所應遵守之法律也。行政作用法之發達，乃由於立憲制度及法治主義原則之確立而起，在專制政體之行政機關，僅對內負有遵守其上級訓令之義務，對外則因與人民係基於權力服從關係，縱有濫用權力之處，人民亦不得主張其行政作用之違法，而對抗之。然而立憲政體及法治主義下之行政權主體則必須基於國家之法律，始得發動其權力，亦即法治國家之行政，非有法律根據，則不得為之，所謂法治行政原則，實為近代行政作用之基本原則也。

其次行政作用法之內容，依行政作用目的之不同，可分為：①內務行政法，如選舉、禮俗、戶籍、警察、社會、合作、土地、衛生、蒙藏等行政有關之法令是；②外交行政法，如外交以及僑務等行政有關之法令是；③國防行政法，如兵役、軍籍及軍事徵用等行政有關之法令是；④財務行政法，如主計公庫制度及各種稅務行政有關法令是；⑤教育行政法，如學校教育、社會教育及學術團體行政有關之法令是；⑥司法行政法，如檢察、監獄、公證、調解等行政有關法令是；⑦經濟行政法，如工業、商業、農業、漁業、水利等行政有關法令是；⑧交通行政法，如路政、航政、航空、電信及郵政等有關法令是也。其詳屬於行政法各論之範圍，茲不贅述。

惟須一提者，為使行政行為遵循公正、公開與民主之程序，確保依法行政之原則，以保障人民權益，提高行政效能，增進人民對行政之信賴，特制定行政程序法，八十八年二月三日公布，九十年一月一日施行（最近一次修正公布為一百十年一月二十日），計分八章，第一章為「總則」，規定法例、管轄、當事人、迴避、程序之開始、調查事實及證據、資訊公開、期日與期間、費用、聽證程序、送達等，第二章為「行政處分」，規定行政處分之成立、陳述意見及聽證、行政處分之效力等，第三章為「行政契約」，第四章為「法規命令及行政規則」，第五章為「行政計畫」，第六章為「行政指導」，第七章為「陳情」，第八章為「附則」，堪稱我國行政法建制的一大里程碑。

再者，「依法行政」及「處罰法定主義」為現代民主法治國家之基本原則。為確保人民權益，並利行政機關於裁處行政罰時有所準繩，俾實現公平正義，爰參考德國、奧地利等國立法例，於九十四年二月五日制定公布行政罰法（公布後一年即九十五年二月五日施行，一百年十一月二十三日修正），計分九章，共四十六條，其第一章為「法例」，第二章為「責任」，第三章為「共同違法及併同處罰」，第四章為「裁處之審酌加減及擴張」，第五章為「單一行為及數行為之處罰」，第六章為「時效」，第七章為「管轄機關」，第八章為「裁處程序」，第九章為「附則」。行政罰之法典化，使我國行政法體系更臻完備，可說是我國繼訴願法、行政訴訟法、行政執行法及行政程序法完成立法或修法之工作後，又一建構行政法體系之關鍵性法典。

(3)行政爭訟法：行政爭訟法者，人民因中央或地方行政官署之違法或不當處分，致其權利或利益受損害，得分別向其上級官署或行政法院請求變更或撤銷原處分時，所依據之訴願法或行政訴訟法也。行政爭訟之目的在乎請求行政救濟，故亦稱行政救濟法。惟行政訴訟在英美法系國家不另設行政法院，而僅由一般司法機關受理，此點與大陸法系國家不同，日本雖屬大陸法系，但此次戰後亦取消行政裁判所之設置，而改由普通法院受理，蓋已染有英美法系之彩色矣。

我國行政訴訟法於民國二十一年十一月十七日公布，最近一次修正公布為一百十年六月十六日。一百年十一月二十三日大幅修正後，計分九編。第一編為「總則」，規定行政訴訟事件、行政法院、當事人、訴訟程序等項。第二編為「第一審程序」，規定高等行政法院通常訴訟程序、地方法院行政訴訟庭簡易訴訟程序、交通裁決事件訴訟程序等項。第三編為「上訴審程序」。第四編為「抗告程序」。第五編為「再審程序」。第六編為「重新審理」。第七編為「保全程序」。第八編為「強制執行」。第九編為「附則」。使我國行政訴訟法更臻完善。

第三、刑　法

㈠**刑法之意義**　刑法之意義可分實質的與形式的兩方面言之。其實質的意義，即規定國家與犯人關係之法是，申言之，即規定犯罪與刑罰之法律是也，至其形式的意義，則專指刑法法典而言。茲就刑法實質的意義，分述如左：

⑴刑法者規定犯罪之法律也：法律種類甚多，規定民事者為民法，規定行政事項者為行政法，規定犯罪者則刑法是也。換言之，刑法為法律之一，其特徵在乎規定犯罪。刑法總則規定犯罪之一般成立要件，刑法分則及其他特別刑法，則規定犯罪之特別成立要件，不具備此等要件即無犯罪之可言，故刑法者乃規定犯罪之法律也。

⑵刑法者規定刑罰之法律也：刑法既規定犯罪，則對於犯罪者，自應加以制裁，是即謂之刑罰。刑罰亦須以刑法明文規定。規定刑罰之種類及如何適用者，屬於刑法總則範圍；規定何種犯罪應受何種刑罰者，屬於刑法分則及其他特別刑法之範圍，故刑法者規定刑罰之法律也。

㈡**刑法之基本理論**　刑法既為規定犯罪與刑罰之法律，則對犯罪，係基於何種理由而科刑？科刑之目的為何？對象為何？實為刑法上之基本問題，對此學者間有兩派不同之理論：

⑴古典派：古典派亦稱舊派，此派認為刑罰與犯罪為對待之物，故兩者應保持均衡。因此刑罰之標準、目的、及其合理性，應視犯罪之性質為轉移，此即所謂「應報主義」，由此主義更導致「罪刑法定主

義」。申言之，刑罰乃犯罪之報應，其目的在對於犯人及一般社會加以威嚇，俾預防將來之犯罪，故又謂之一般預防主義。又刑罰既以犯罪之事實為對象，並非以犯罪者之人格為對象，故亦稱事實主義，或客觀主義，語云：「惡其罪，不惡其人」，適為此主義之註解。不過此主義亦不僅單純著眼於犯罪行為，仍將行為意思作為犯罪責任之基礎，即仍認為犯人之犯罪係基於自由意思而然，則犯人本身即應負道義責任，是謂之「道義責任論」。

(2)近代派：近代派亦稱新派，主張吾人之意思，嘗受生理要素與環境要素之影響，實際上並不自由，故犯罪不過為犯人反社會性之反映而已，因此刑罰即以犯人之反社會性為處罰對象，並非單純對於已成過去之犯罪，予以應報，乃係對於將來之犯罪加以預防，亦即以防衛社會為目的，故稱「目的主義」。刑罰既以犯人之人格為對象，而不以犯罪之事實為對象，所謂「罰其人，非罰其行」則必以犯人之主觀的反社會性為重點，故亦稱「主觀主義」。依此則刑罰之輕重不以犯罪事實之大小為量定標準，而依犯人之對於社會危害性之如何而決定，是謂之「人格主義」或「徵表主義」。此種以刑罰為矯正犯人反社會性之手段，實含有教育主義之意義，而其預防犯人之再犯，是乃以特別預防為重點，故亦稱「特別預防主義」。

以上兩派理論，既各有所據，亦各有所偏，故又有第三派即折衷派出現，然此派祇調和折衷於二者之間，別無獨具之理論，茲不贅述。

(三)我國刑法內容概要 我國現行刑法係民國二十四年一月一日公布，同年七月一日施行，嗣後經多次修正，最近一次修正在一百十年六月十六日，計分總則與分則兩編，總則編十四章，分則編三十七章。總則第一章為「法例」，首揭罪刑法定主義，並規定刑法之效力、刑法用語之解釋及刑法總則與其他特別刑法之關係等項。第二章為「刑事責任」，第三章為「未遂犯」，第四章為「正犯與共犯」，以上三章係有關犯罪之規定。第五章為「刑」，第五章之一為「沒收」，第五章之二為「易刑」，第六章為「累犯」，第七章為「數罪併罰」，第八章為「刑之酌科及加減」，第九章為「緩刑」，第十章為「假釋」，第十一章為「時效」，以上七章係有關刑罰之規定。最後第十二章為「保安處分」，乃刑罰以外之防止犯罪方法也。其次分則編乃以被害之客體，即犯罪所侵害之法益為標準而排列。計①直接侵害國家法益者，有：第一章內亂罪，第二章外患罪，第三章妨害國交罪，第四章瀆職罪，第五章妨害公務罪，第六章妨害投票罪，第七章妨害秩序罪，第八章脫逃罪，第九章藏匿人犯及湮滅證據罪，及第十章偽證及誣告罪。②直接侵害社會法益，間接侵害國家法益者，有：第十一章公共危險罪，第十二章偽造貨幣罪，第十三章偽造有價證券罪，第十四章偽造度量衡罪，第十五章偽造文書印文罪，第十六章妨害性自主罪，第十六章之一妨害風化罪，第十七章妨害婚姻及家庭罪，第十八章褻瀆祀典及侵害墳墓屍體罪，第十九章妨害農工商罪，第二十章鴉片罪及第二十一章賭博罪。③直接侵害個人法益，間接侵害社會法益及國家法益者，有：第二十二章殺人罪，第二十三章傷害罪，第二十四章墮胎罪，第二十五章遺棄罪，第二十六章妨害自由罪，第二十七章妨害名譽及信用罪，第二十八章妨害秘密罪，第二十九章竊盜罪，第三十章搶奪強盜及海盜罪，第三十一章侵占罪，第三十二章詐欺背信及重利罪，第三十三章恐嚇擄人勒贖罪，第三十四章贓物罪，第三十五章毀棄損壞罪及第三十六章妨害電腦使用罪。綜觀分則之規定，可知我刑法之立法精神，深合三民主義之趣旨，例如為扶植「民族」之發展則有外患罪之設；為維護「民權」之確立，則有瀆職罪及妨害投票之設；為保障「民生」之安定，則有妨害農工商、竊盜、搶奪、強盜、侵占、詐欺、背信、恐嚇、擄人勒贖及重利等各罪之設，可謂保護之周，與防範之至，而為最進步之刑法也。

第四、民事訴訟法

㈠民事訴訟法之意義　民事訴訟法者，規定民事訴訟程序之公法也。茲依此意義分述如左：

⑴民事訴訟法者公法也：法律有公法私法之分，已見前述（參照第四章），民事訴訟法之目的雖在適用私法（民法及民事特別法）以保護私權，但其內容乃規定國家司法機關司法權之如何運用，亦即私權受侵害時，如何為公力救濟之法，故為公法之一種。

⑵民事訴訟法者程序法也：法律有實體法與程序法之分，亦見前述（參照第四章），民事訴訟法規定民事訴訟之如何展開，如何審理，如何判決，如何終結之手續之法，故民事訴訟法為一種程序法。

⑶民事訴訟法者，規定民事訴訟之法也：訴訟有刑事訴訟，行政訴訟與民事訴訟之分，刑事訴訟為適用公法保護國家社會及個人之安寧秩序之方法，行政訴訟則為適用公法以判斷行政機關行政處分之當否之方法，民事訴訟則與斯二者迥異，蓋民事訴訟乃適用私法以保護私權之方法也。至於私權何以須保護？因私權有時已被侵害（例如民法第二二九條給付遲延之情形），或將被侵害（例如民法第七九五條建築物有傾倒之危險，致鄰地有受損害之虞之情形），致當事人間發生爭執，而不能解決時，自當訴請司法機關予以公平之裁判，俾資保護也。

㈡民事訴訟法之原則　民事訴訟亦法律關係之一種，即兩造當事人相互間並當事人與法院間之法律關係是也。此法律關係之如何發生，如何進行，如何終結，須有種種之行為，此種種之行為謂之訴訟行為，訴訟行為在民事訴訟法上所採取之原則約有：

(1)處分權主義與職權主義：關於訴訟之開始，進行，終了及訴訟材料之提出等一任當事人之自由處分，法院不加干涉者，謂之「處分權主義」，反之，由法院依其職權進行，不問當事人之意思如何，謂之「職權主義」，民事訴訟法以採用處分權主義為原則，職權主義為例外。

(2)言詞辯論主義與書狀審理主義：當事人或訴訟關係人之訴訟行為，須以言詞為之，始生訴訟法之效果者，謂之「言詞辯論主義」；反之，須以書面為之，始生訴訟法上之效果者，謂之「書狀審理主義」，民事訴訟法以採用言詞辯論主義為原則，書狀審理主義為例外。

(3)兩造審理主義與一造審理主義：法院為裁判，須審問兩造，至少亦應予以陳述之機會者是謂「兩造審理主義」，反之為「一造審理主義」。民事訴訟法以採用兩造審理主義為原則，一造審理主義為例外。

(4)直接審理主義與間接審理主義：法院不須他人之介入，直接聽取當事人之辯論，直接調查證據，亦即依其直接認識蒐集訴訟資料而為裁判者，謂之「直接審理主義」。反之指定受命法官，或囑託法官以調查證據者，謂之「間接審理主義」。民事訴訟法以採用直接審理主義為原則，間接審理主義為例外。

(5)公開主義與密行主義：法院將訴訟程序之審理狀況，公開於眾，一任其自由旁聽者，謂之「公開主義」，反之謂之「密行主義」。民事訴訟法以採用公開主義為原則，密行主義為例外。

(6)自由順序主義與法定順序主義：自訴之提起至言詞辯論之終結，關於訴訟資料之提出，不設若何階段，一任當事人自由為之者，謂之「自由順序主義」；反之，依法律規定其順序者，謂之「法定順序主義」，民事訴訟法以採用自由順序主義為原則，法定順序主義為例外。

(7)本人訴訟主義與代理人訴訟主義：當事人本人或其法定代理人自為訴訟行為者，謂之「本人訴訟主義」，反之，當事人本人或其法定代理人並不自為訴訟行為，而委任代理人為之者，謂之「代理人訴訟主義」。民事訴訟法以採用本人訴訟主義為原則，代理人訴訟主義為例外。

(8)自由心證主義與法定證據主義：關於證據之調查取捨以及證據方法及其證明力，一任法官自由判斷者其謂之「自由心證主義」，反之，關於證據方法及其證明力，均由法律規定，法官判斷事實之真偽，必依此規定為之，而不得自由取捨者，謂之「法定證據主義」。民事訴訟法以採用自由心證主義為原則，法定證據主義為例外。

㈢我國民事訴訟法內容概要　民事訴訟法本有實質的與形式的兩種意義，實質的民事訴訟法則除民事訴訟法典外尚包括強制執行法，破產法以及其他有關民事訴訟之法律規定。形式的民事訴訟法則專指民事訴訟法法典而言，茲將我國民事訴訟法法典之內容概述如次：

我國現行民事訴訟法，係民國十九年十二月二十六日及二十年二月十三日公布，二十一年五月二十日施行，嗣後經多次修正，最近一次修正在一百十年六月十六日，計分九編。第一編為「總則」，規定訴訟主體（法院、當事人等）、訴訟標的價額之核定及訴訟費用、訴訟程序之通則等項。第二編為「第一審程序」，規定通常訴訟程序、調解程序、簡易訴訟程序及小額訴訟程序等項。第三編為「上訴審程序」，規定第二審程序及第三審程序等項。第四編為「抗告程序」。第五編為「再審程序」。第五編之一為「第三人撤銷訴訟程序」。第六編為「督促程序」。第七編為「保全程序」。第八編為「公示催告程序」。第九編原為「人事訴訟程序」，則配合家事事件法的制定，而予以刪除。此外關於民事訴訟法之詳細內容，因非本書範圍所及，自當略而不敘，惟該法既係規定訴訟之法，則「訴」之內容如何，不可不予概述。民事訴訟之內容具體言之，固千變萬化，但歸納之，總不出下列三種類型：

(1)給付之訴：給付之訴者，即原告要求以判決確定私法上請求權之存在，且命被告履行給付之訴訟也。此訴之判決因確定請求權之存在而生既判力，並因判令給付兼有執行力。

(2)確認之訴：確認之訴者，為原告請求確認法律關係成立或不成立之訴訟也。此訴可分兩種，確認法律關係之成立者為積極的確認之訴；確認法律關係之不成立者為消極的確認之訴，確認之訴之判決，可確定現在之法律狀態，故有既判力。

(3)形成之訴：形成之訴者，為請求以形成判決，形成法律上某種效果或變更權利狀態之訴訟也。此訴之判決可發生既判力及創設力。

(四)家事事件法　我國制定施行家事事件法後，民事訴訟法所定第九編「人事訴訟程序」之歷史使命業已完成，玆介述家事事件法如左：

(1)家事糾紛之特殊性：夫妻、親子等家族關係，乃自然的、本質的社會結合關係，而以人類的性情、感情為基礎。因此，有關家族關係的糾紛，往往因人與人的關係本身而發生，而人各有個性，是以欲解決家事糾紛，自應考慮人的因素，注重其個別性，而為具體的解決，始能達到解決糾紛之目的。再者，家事糾紛，又常涉及個人私生活及家庭聲譽，倘公開審理，必然暴露個人隱私，致家醜外揚，反而會使事態惡化，增加解決之困難。而且，家族關係，與公序良俗、社會公益攸關，如不由法院依職權斟酌事實調查證據，即難於發現真實而為妥善處理，將無以維護公序良俗及社會公益。不寧唯是，家事糾紛，其原因多不止一端，尤其涉及性情、感情等人的因素時，更是複雜而微妙，且其解決，不僅須總結過去，而且還須預測未來，並顧慮到事後圓滿關係的發展，自應運用調解程序，以協調、勸導、說服的方法，消弭糾紛，同時也須根據科學調查，了解事實真相，始能對症下藥，正確解決家事問題。因此，為圓滿解決家事糾紛，必須本於具體事件之個別性，依調解前置主義、不公開主義、職權主義，並借重科學調查，以為處理。

職是，一般民事訴訟程序，並不適合處理家事事件，而必須針對家事糾紛之特殊性，由專業法院依特殊程序處理，始能竟其功。例如，日本早在一九四七年就已制定「家事審判法」。我國「為妥適、迅速、統合處理家事事件，維護人格尊嚴、保障性別地位平等、謀求未成年子女最佳利益，並健全社會共同生活」，特制定「家事事件法」，於民國一百零一年一月十一日公布，自同年七月一日起施行。民事訴訟法第九編「人事訴訟程序」則於民國一百零二年五月八日予以刪除。

(2)我國家事事件法內容概要：我國家事事件法計分六編。第一編為「總則」。第二編為「調解程序」。第三編為「家事訴訟程序」，規定通則、婚姻事件程序、親子關係事件程序、繼承訴訟事件等項。第四編為「家事非訟事件」，規定通則、婚姻非訟事件、親子非訟事件、收養事件、未成年人監護事件、親屬間扶養事件、繼承事件、失蹤人財產管理事件、宣告死亡事件、監護宣告事件、輔助宣告事件、親屬會議事件及保護安置事件等項。第五編為「履行之確保及執行」，規定通則、扶養費及其他費用之執行、交付子女與子女會面交往之執行等項。第六編為「附則」。

第五、刑事訴訟法

㈠刑事訴訟法之意義　刑事訴訟法者，規定國家實行刑罰權程序之公法也。分述之如左：

⑴刑事訴訟法者公法也：刑事訴訟法為規定實現國家刑罰權之法律，故為公法之一種。

⑵刑事訴訟法者程序法也：刑法規定刑罰權之實體事項，而刑事訴訟法則規定實行刑罰權之步驟，故為程序法。

⑶刑事訴訟法者規定國家實行刑罰權之法也：何種行為構成犯罪，對該犯罪應科以何種刑罰，固應依刑法之規定；然犯罪事件發生時，對之如何偵查，如何起訴，如何審判及如何執行，亦即刑罰權之如何行使，自不能不以法律規定之，此法律即刑事訴訟法是也。

㈡刑事訴訟法之原則　刑事訴訟法所採取之原則與民事訴訟法有同有異，茲分述如左：

⑴彈劾主義與糾問主義：「彈劾主義」乃法院對於犯罪之審判，須經追訴機關之追訴，否則不得自行受理，所謂不告不理之大原則是也；「糾問主義」則法院兼攝追訴之權，對於犯罪不待追訴，即得逕以職權審判，所謂不告亦理是也，刑事訴訟法現採彈劾主義。

⑵國家追訴主義與私人追訴主義：追訴權之行使由於國家者曰「國家追訴主義」，由於私人者曰「私人追訴主義」，前者由檢察官代表國家行之，亦即以檢察官為原告；後者有由被害人行之者，亦有由一般

公眾行之者。刑事訴訟法採取國家追訴主義為原則，私人追訴主義為例外。

(3)合法主義與便宜主義：犯罪之追訴與否，檢察官無裁量餘地，即一具備犯罪要件時，無論其罪之輕重，檢察官必須起訴者謂之「合法主義」，反之雖具備犯罪要件，檢察官基於刑事政策之需要，得決定不起訴者謂之「便宜主義」。刑事訴訟法採取合法主義為原則，便宜主義為例外。

(4)職權主義與處分權主義：此兩主義之意義，已於民事訴訟法之原則中敘過，但刑事訴訟法則採取職權主義為原則，處分權主義為例外，此點恰與民訴相反，蓋刑訴攸關公益也。

(5)直接審理主義與間接審理主義。

(6)言詞辯論主義與書狀審理主義。

(7)自由心證主義與法定證據主義。

(8)公開主義與密行主義。

以上(5)至(8)四項之意義，及刑事訴訟法採取何者為原則，何者為例外，均與民事訴訟法同，請比照前述，茲不贅敘。

㈢我國刑事訴訟法內容概要　刑事訴訟法亦有實質的、形式的之分，形式的刑事訴訟法，即專指刑事訴訟法法典而言。我國現行刑事訴訟法係於民國十七年七月二十八日公布，同年九月一日施行，嗣後經多次修正，最近一次修正在一百十年六月十六日，計分十二編。第一編為「總則」，規定訴訟主體（法院、當事人）及訴訟程序之通則等。第二編為「第一審」，規定公訴及自訴等。第三編為「上訴」，規定上訴之通則及第二審、第三審等。第四編為「抗告」。第五編為「再審」。第六編為「非常上訴」。第七編為「簡易程序」。第七編之一為「協商程序」。第七編之二為「沒收特別程序」。第七編之三為「被害人訴訟參與」。第八編為「執行」。第九編為「附帶民事訴訟」。附帶民事訴訟亦為民事訴訟之一種，民事訴訟與刑事訴訟之性質，迥不相侔，立法上何以使民事訴訟附帶於刑事訴訟而解決之？蓋以兩者之發生原因，有時難免出於同一行為，例如故意損毀他人之物，在刑法固為犯罪，在民法上亦為「侵權行為」，而應負損害賠償責任，後者若附帶於刑事訴訟同時解決，則①可以利用訴訟資料；②可以免除程序之重複；③可以減輕訴訟費用；④可以預防裁判之牴觸，利多而便甚，故立法者取焉。

第六、民　法

㈠民法之意義　民法者乃規律私法關係之一般（普通）私法也。茲依此意義，分述如左：

⑴民法者乃規律私法關係之法也：人類社會生活關係，應分為「國家的生活關係」與「私人的生活關係」兩種，前者如政府之組織，公權之行使，刑罰權之運用，及訴訟之處理，凡有關國家之構成維持及直接受其保護等關係均屬之；後者如親子及夫妻之身分關係及衣、食、住、行交易之財產關係，凡於國家無直接關係者均屬之，申言之，前者亦稱公法關係，後者亦稱私法關係，民法即規律此私法關係之法也。

⑵民法者乃一般（普通）私法也：法有一般（普通）法與特別法之分，民法乃私法中一般（普通）法，蓋其所規律者雖為私法關係，但非私法之全部，此外尚有特別私法，例如商事法，故民法乃私法中

之一般法也。

㈡民法之原則　法律思想既隨時代而變遷，則民法之原則自亦隨時代而演進，在十八世紀之法律思想為個人主義，即絕對尊重個人之人格，依此思想乃演成民法上三大原則如左：

⑴契約自由原則：即在私法關係中，個人取得權利，負擔義務，純任個人之自由意思，國家不得干涉，從而基此自由意思締結任何契約，即不論契約之內容如何，方式如何，相對人如何，法律均須保護。

⑵過失責任原則：過失責任原則，亦稱自己責任原則，即個人之行為損害及於他人時，如係由於自己之故意或過失，始負損害賠償責任，否則不負責任；對於他人所為之侵權行為，無論如何亦不負責任。

⑶所有權絕對原則：即個人私有財產之所有權為神聖不可侵犯之權利，其行使固饒有自由，其不行使尤有自由。而行使自由則包括行使之方法，行使之時期，行使之後果皆聽其自由，任何人不得干涉而言。

以上三大原則使私有財產獲得保障，以從事於自由競爭促成資本主義之發達，對於人類文化之貢獻匪淺，然天下事利弊相間，利之極即弊之漸，時至今日，此三大原則，因釀成種種流弊，如貧富懸殊，勞資對立等，竟轉為社會之桎梏矣，於是個人本位之法律思想乃變為社會本位之法律思想，而向之極端尊重個人人格者今則一變而為以社會公共福利為前提矣，因此民法上三大原則，遂亦修正如左：

⑴契約自由之限制：契約自由原則因資本主義發達結果，其弊端遂層出不窮，蓋此種自由之實現，必須人人於社會上、經濟上皆立於平等之地位而後可，否則社會地位之低劣者及經濟上之弱者，常於契約自由之美名下，為社會地位之優越者及經濟上之強者所壓榨，例如大企業組織生產獨占之結果，對於商品之價格及價金支付之方法等，皆為生產者一方所決定，一般消費者對於契約之內容，已無置喙之餘

地，僅有締結之自由而已，不過此之所謂商品，乃指尚非日常所必需者而言，倘為日常所必需之物品，則無論資本家所定之條件，苛酷至何種程度，消費者亦非忍痛購買不可，如此則並締結契約之自由，亦不克保有矣。又如勞動者與資本家締結雇傭契約，雖亦名為契約自由，其實勞動者方面唯有俯首聽命，俗語所謂「請您賞飯」而已，尚何自由之有？由此可見契約自由原則竟變為強者壓迫弱者之手段，安得不加以限制？限制之方法有：①締結契約加以公法監督，即由國家頒行各種強行法規，以防當事人一方之獨裁。例如電燈，自來水之用費之決定，須經國家認可，或逕由國家公營，及勞動契約關於工資，工作時間等之設有一定限制是。②扶植經濟上弱者使之團結，以謀集體自衛之方法，如對於消費者、勞動者扶植其組織消費合作社、工會等，俾以團體力量抵抗資本力量，而得平衡，此外法律更明文規定凡有背於公共秩序或善良風俗之法律行為概作無效，亦係對於契約自由之一種概括的限制也。

⑵無過失責任原則：過失責任原則亦因資本主義發達，大規模企業激增，危險事項，比比皆是，而無法立足，蓋此時若仍執此以繩，其結果不免有失公平，例如工廠中工人為機械所傷，倘嚴守過失責任原則，則非證明企業主有過失，即不得請求賠償損害，被害者實際上無從獲得救濟，不平孰甚。是以近來法律多傾向「無過失責任」主義，即凡因大企業中所生之災害，不問有無過失，概須由業主負賠償責任。此外僱用人之賠償責任（我民法第一八八條第二項）及無意識或精神錯亂中所為行為之賠償責任（我民法第一八七條第四項）皆此無過失責任原則之適例也。

⑶所有權社會化：自德國韋瑪憲法規定「所有權附有義務」以來，法律上對於所有權之觀念為之不變，即認為私有財產制度，乃係將社會上之物資，信託於個人，其目的原在使其利用，不在使其所有，亦即法

律所以保護所有權者乃在期其充分利用，以發揮物資之效用，而裕社會之公共福利，故所有權之行使或不行使均須以社會全體利益為前提，換言之，所有權須社會化是也。因此其行使固無絕對之自由，不行使亦無絕對之自由，例如法律明定權利濫用之禁止，及誠實信用原則等，是皆積極的限制其行使之自由者，而時效制度則為消極的限制其不行使之自由者，可見所有權絕對之觀念，今已不復存於法律之上矣。

㈢我國民法內容概要　我國現行民法法典共分五編，可謂莊嚴偉大矣，茲依各編次序分述其內容如下：

⑴總則編：總則編係民國十八年五月二十三日公布，同年十月十日施行，七十一年一月四日修正公布，七十二年一月一日施行；復於九十七年五月二十三日修正公布，修正條文自公布後一年六個月施行；最近一次修正公布為一百十年一月十三日，但行為能力之相關修正自一百一十二年一月一日起施行，內容分七章。第一章為「法例」，規定民事法律全部適用之通則，如法律之補充方法及其適用順序等項。第二章為「人」，規定自然人及法人，即所謂私權之主體是。第三章為「物」，即私權客體之重要者，本章規定支配各「物」之共同原則。第四章為「法律行為」，規定對於具體的法律行為（如債編中之買賣，承攬等）而示以一般適用之抽象原則。第五章為「期日及期間」，規定「時」之計算方法。第六章為「消滅時效」，規定由於一定狀態之繼續而喪失權利時之原則。第七章為「權利之行使」，規定行使權利之標準。此第一編總則之大概也。

⑵債編：債編係民國十八年十一月二十二日公布，十九年五月五日施行，八十八年四月二十一日修正公布，八十九年五月五日施行，八十九年四月二十六日修正公布第二百四十八條條文，九十八年十二月三十日修正公布第六百八十七、七百零八條條文及九十九年五月二十六日修正公布第七百四十六條條

文，增訂第七百五十三條之一條文，最近一次修正為一百十年一月二十日修正公布第二百零五條條文。對於本編應先說明者有二：他國民法有名之為債權編者，如日本；亦有名之為債務法者，如瑞士，我民法僅以「債」名之者，蓋包括債權債務而言，兼寓有保護債權人債務人雙方之法意也。其二，我國採取民商法統一制度，民法外別無獨立之商法法典，因而對於商法中，性質上便於與民法合一規定者，如通常屬於商法總則之經理人，代辦商及通常屬於商行為中之交互計算、行紀、倉庫、運送營業、承攬運送等，均予編入此編。凡不宜於合一規定，如商業登記、商號及商業帳簿等則另定商業登記法，而關於公司、票據、海商及保險等則分別訂立公司法、票據法、海商法及保險法，稱為民事特別法。

其次本編共分二章，第一章為「通則」，規定債之發生，債之標的，債之效力，多數債務人及債權人，債之移轉，及債之消滅等項。第二章為「各種之債」，原規定二十四種，修正後規定二十七種典型之債，亦稱有名契約，即：①買賣：買賣者乃當事人一方約定移轉財產權於他方，他方支付價金之契約也。②互易：互易者乃當事人雙方約定互相移轉金錢以外之財產權之契約也。③交互計算：交互計算者乃當事人約定以其相互間之交易所生之債權債務為定期之計算，互相抵銷，而僅支付其差額之契約也。④贈與：贈與者乃當事人一方以自己之財產為無償給與他方之意思表示，經他方允受而生效力之契約也。⑤租賃：租賃者乃當事人約定，一方以物租與他方使用受益，他方支付租金之契約也。⑥借貸：借貸分使用借貸與消費借貸兩種，前者乃當事人約定一方以物無償貸與他方使用，他方於使用後返還其物之契約；後者乃當事人約定一方移轉金錢或其他代替物之所有權與他方，而他方以種類、品質、數量相同之物返還之契約也。⑦僱傭：僱傭者乃當事人約定一方於一定或不定之期限內，為他方服勞務，他方給付報酬之契約也。⑧承攬：承攬者乃當事人約定，一方為他方完成一定之工作，他方俟工作完成，給付報酬之契約也。⑧之①旅遊：旅遊者乃指旅客旅遊而言，其營業人即以提供旅客旅遊服務為營業而收取旅遊費用之人也。所謂旅遊服務係指安排旅程及提供交通、膳宿、導遊或其他有關之服務。⑨出版：出版者乃當事人約定一方以文藝、學術或美術之著作物為出版而交付於他方，他方擔任印刷及發行之契約也。⑩委任：委任者乃當事人約定一方為他方處理事務，他方允為處理之契約也。⑪經理人及代辦商：前者乃由商號之授權，為其管理事務及簽名之隸屬補助人；後者乃非經理人而受商號之委託，於一定處所或一定區域內，以該商號之名義，辦理其事務全部或一部之人也。⑫居間：居間者乃當事人約定一方為他方報告訂約之機會，或為訂約之媒介，他方給付報酬之契約也。⑬行紀：行紀者乃以自己之名義，為他人之計算，為動產之買賣或其他商業上之交易而受報酬之營業也。⑭寄託：寄託者乃當事人一方以物交付他方，他方允為保管之契約也。⑮倉庫：倉庫者乃指適於物品之堆藏及保管之設備而言，其營業人即受報酬而為他人堆藏保管物品之人也。⑯運送：運送者乃指運送物品或旅客而言，其運送人即為此營業，而受運費之人也。⑰承攬運送：承攬運送亦係一種營業，其營業人即以自己之名義為他人之計算，使運送人運送物品而受報酬之人也。⑱合夥：合夥者乃二人以上互約出資，以經營共同事業之契約也。⑲隱名合夥：隱名合夥者乃當事人約定一方對於他方所經營之事業出資，而分受其營業所生之利益，及分擔其所生之損失之契約也。⑲之①合會：合會者乃由會首邀集二人以上為會員，互約交付會款及標取合會金之契約。其僅由會首與會員為約定者，亦成立合會。⑳指示證券：指示證券者乃指示他人將金錢、有價證券或其代替物，給付第三人之證券也。㉑無記名證券：無記名證券者乃持有人對於發行人得請求其依所載之內容為給付之證券也。㉒終身定期金：終身定期金者乃當事人約定一方於自己或他方或第三人生存期間，定期以金錢給付他方或第三人之契約也。㉓和解：和解者乃當事人約定互相讓步以終止爭執或防止爭執發生之契約也。㉔保證：保證者乃當事人約定一方於他方之債務人不履行債務時，由其代負責任之契約也。㉔之①人事保證：人事保證者乃當事人約定，一方於他方之受僱人將來因職務上之行為而應對他方為損害賠償時，由其代負賠償責任之契約。以上二十七種係債編所列之契約，但債之種類，至為繁多，絕不以列舉者為限，此不過示其典型，俾此外之債，可就此規定為類推適用而已。

(3)物權編：物權編係於民國十八年十一月三十日公布，十九年五月五日施行，計十章，共二百一十條，嗣後歷經數次修正，最近一次在一百零一年六月十三日修正公布。第一章為「通則」，規定物權之取得、設定、喪失、變更等共通適用之原則。第二章為「所有權」，所有權者所有人於法令限制之範圍內，得自由使用、收益、處分其所有物，並排除他人之干涉之權利也，可知所有權為內容最豐富之物權，除受法令之限制外，得自由使用、收益、處分其標的物，是謂所有權之積極的效用，並得排除他人之干涉，是謂所有權之消極效用。至於所謂「使用」者乃依物之通常用度，而供吾人之使用也，例如穿衣、住屋是；「收益」者收取物之天然孳息或法定孳息之謂也。例如耕植而收其產品，出租房屋而得租金是；「處分」者毀損原物或變其性質及讓與其物或設定負擔之謂也，如宰雞食肉，釀米為酒，出賣田宅，設定抵押權等即其適例。第三章為「地上權」，九十九年修正將地上權分為普通地上權與區分地上權二種，前者乃以在他人土地上下有建築物或其他工作物為目的而使用其土地之權也；後者乃以在他人土地上下之一定空間範圍內設定之地上權也。九十九年修正將第四章「永佃權」刪除，新增第四章之一「農用權」，農用權者在他人土地為農作、森林、養殖、畜牧、種植竹木或保育權也。九十九年將第五章「地役權」修正為「不動產役權」，不動產役權者乃以他人不動產供自己不動產通行、汲水、採光、眺望、電信或其他特定便宜之用為目的之權也。第六章為「抵押權」，第一節「普通抵押權」，普通抵押權者，債權人對於債務人或第三人不移轉占有而供其債權擔保之不動產，得就該不動產賣得價金優先受償之權也；九十六年修正增訂第二節「最高限額抵押權」，最高限額抵押權者，債務人或第三人提供其不動產為擔保，就債權人對債務人一定範圍內之不特定債權，在最高限額內設定之抵押權也。第七章為「質權」，質權分為動產質權與權利質權兩種，前者即債權人對於債務人或第三人移轉占有而供其債權擔保之動產，得就該動產賣得價金優先受償之權；後者乃以可讓與之債權或其他權利為標的物之質權也。第八章為「典權」，典權者支付典價在他人之不動產為使用、收益，於他人不回贖時，取得該不動產所有權之權也。第九章為「留置權」，留置權者債權人占有他人之動產，而其債權之發生與該動產有牽連關係，於債權已屆清償期未受清償時，得留置該動產之權也。第十章為「占有」，占有者對於物體具有事實上管領力之狀態也。故占有僅為法益，而非權利。以物權編所列之物權，計有八種，其內容如何，均有明文規定，當事人間不得任意創設物權，此與債權之不同處，不可不知也。

(4)親屬編：親屬編係民國十九年十二月二十六日公布，民國二十年五月五日施行，嗣後歷經數次修正，並於一百十年一月十三日修正結婚訂婚年齡之相關規定，並自一百十二年一月一日起施行，最新一次則是在一百十年一月二十日修正公布法定財產制中夫妻剩餘財產差額分配請求權的酌定因素。親屬編計分七章，第一章為「通則」，規定親屬之分類、親系、親等及親屬關係之發生及消滅等項。第二章為「婚姻」，規定婚約、結婚、婚姻之普通效力、夫妻財產制及離婚等項。第三章為「父母子女」，規定子女之姓氏及住所，子女之類別，及父母對於子女之權利義務等項。第四章為「監護」，規定未成年人之監護、成年人之監護及輔助、成年人之意定監護等項。第五章為「扶養」，規定扶養之範圍，負扶養義務者及受扶養權利者之順序，受扶養之要件，扶養義務之免除及扶養之程度及方法等項。第六章為「家」，規定家之意義，家長家屬及家務管理等項。第七章為「親屬會議」，規定親屬會議之召集、人數、會員之產生及其開會決議等項。此親屬編之大概也。另外，司法院於一百零六年五月二十四日作成釋字第七四八號解釋，認為民法未使相同性別之二人，得為經營共同生活之目的，成立具有親密性及排他性之永久結合關係，屬「規範不足之違憲」，為遵循大法官會議解釋意旨，以及一百零七年十一月二十四日通過全國性公民投票同意「以民法婚姻規定以外之其他形式來保障同性別二人經營永久共同生活的權益」之結果，故立法院於一百零八年五月二十二日制定「司法院釋字第七四八號解釋施行法」，承認相同性別之二人，得為經營共同生活之目的，成立具有親密性及排他性之永久結合關係，參考民法關於結婚、離婚、收養等規定而另設規定，並得準用民法親屬編和繼承編關於夫妻、配偶和婚姻之相關規定，以彰顯對現代多元社會價值的尊重。

(5)繼承編：繼承編之公布施行日期及七十四年之修正日期與親屬編相同，繼承編復於九十八年十二月三十日、一百零三年一月二十九日、一百零四年一月十四日修正公布，本編計分三章。第一章為「遺產繼承人」，規定繼承人之類別、順序及應繼分，繼承權之取得、喪失、回復、及代位繼承等項。第二章為「遺產之繼承」，規定遺產繼承之效力、遺產之分割、繼承之拋棄及無人承認之繼承等項。第三章為「遺囑」，規定遺囑之通則、方式、效力、執行、撤回及特留分等項。此繼承編之大概也。

第七、商事法

商事法亦稱民事特別法，蓋我國現採取民商法統一制度，已無獨立之商法法典，僅將不便與民法合一規定之商事部分，另行訂定商業登記法、公司法、票據法、海商法及保險法等以期易於運用。惟我國何以採取民商統一制度？其理由如左：

(1)民商二法彼此對立，乃沿革如此，並無學理上之根據。

(2)法律之前人人平等，不應認商人為特殊階級，而另適用特別法——商法。

(3)各國商法之內容極不一致，商法規定之事實，亦無一定範圍，如編之為獨立法典，實無適當標準。

(4)法典應有總則，取其綱舉目張，足以貫串全體，關於商事則不能以總則貫串，如勉強為之，亦不免與民法總則相重複，何必畫蛇添足。

(5)商法獨立，無運用商法之程序（即商事訴訟法）以為補助，於理論不合。

(6)民商劃分如一方為商人一方非商人，則適用上亦感困難。

基於以上各項理由，我國現行民法法典之編纂，遂採取民商統一制度，而前述之五種（商業登記、公司、票據、海商、保險）商事法規（民事特別法），亦隨之分別單獨產生，茲概述其內容如下：

(一)商業登記法　本法係於民國二十八年六月二十八日公布，同日施行，嗣後經九次修正，最近一次修正在一百零五年五月四日，全文三十七條，規定商業登記、撤銷登記等事項。

㈡**公司法**　本法係民國十八年十二月二十六日國民政府公布，二十年七月一日施行，嗣後經多次修正，最近一次修正在一百零七年八月一日，計分九章。其第一章為「總則」，規定公司之種類，及各種公司一般適用之原則。第二章為「無限公司」，第三章為「有限公司」，第四章為「兩合公司」，第五章為「股份有限公司」，第六章原為股份兩合公司之規定，現已刪除，但章次仍保留。以上各章不外規定各該公司之設立、資本、股東、公司重整及解散清算等事項。第六章之一為「關係企業」，第七章為「外國公司」，第八章為「登記」，第九章為「附則」。

㈢**票據法**　本法係於民國十八年十月三十日公布，同日施行，此後經四十三年、四十九年、六十二年、六十六年多次修正，於七十五年六月二十九日、七十六年六月二十九日又修正，取消支票刑罰，是為現行票據法，計分五章。第一章為「通則」，規定票據之種類、票據之責任、票據之偽造、及票據之喪失等一般適用之原則。第二章為「匯票」，規定匯票之發票及款式、背書、承兌、參加承兌、保證、到期日、付款、參加付款、追索權、拒絕證書、複本、及謄本等事項。第三章為「本票」，第四章為「支票」，此兩章規定之事項大致與第二章相同。第五章為「附則」。

㈣**海商法**　本法係於民國十八年十二月三十日公布，二十年一月一日施行，五十一年七月二十五日、八十八年七月十四日、八十九年一月二十六日及九十八年七月八日修正公布，計分八章。第一章為「通則」，規定船舶、船長、海員之定義、保全程序之強制執行及本法適用之範圍等事項。第二章為「船舶」，規定船舶所有權、優先權及抵押權等事項。第三章為「運送」，規定貨物運送、旅客運送及船舶拖帶等事項。第四章為「船舶碰撞」，規定船舶碰撞之責任，及因此所生請求權之消滅時效等事項。第五章為「海難救助」，規定海難有關事項。第六章為「共同海損」，規定海損有關事項。第七章為「海上保險」。第八章為「附則」，規定海上保險有關事項。

㈤保險法 本法係民國十八年十二月三十日公布，嗣後經多次修正，最近一次修正在一百十年五月二十六日，計分六章，第一章為「總則」，規定定義及分類、保險利益、保險費、保險人之責任、複保險、再保險等事項。第二章為「保險契約」，第三章為「財產保險」，第四章為「人身保險」，第五章為「保險業」，第六章為「附則」。

以上係我國商事法內容概要，但商事法規不以上述之五種為限，此外如商標法、銀行法、證券交易法等亦皆屬於商事法之範圍，茲限於篇幅，不贅列。

第八、經濟法，勞動法

經濟法與勞動法乃最新發生之法域。尚在形成途中，因此其意義、其地位、其體系在學說上至為分歧。不過自十九世紀末葉以來，社會經濟發生劇烈變動，而各種社會科學亦均有嶄新的發展，於是法律在其傳統的體系（公、私法）中，亦另有第三種法體系之形成，事實上不容否認。惟此種法體系有稱之為「社會法」者，但其內容並非於公、私法之外，另有一種非公非私之法存在，祇不過亦公亦私，具有所謂公私綜合性質而已，故社會法云者，實不若稱為「公私綜合法」之為當也。此公私綜合法體系，日本學者更分為經濟法、企業法、勞動法三部門，但我國現在企業法尚未發達至獨成體系階段，故仍不能與經濟法分庭抗禮，因而公私綜合法祇可分為經濟法與勞動法兩種，茲分別說明如下：

㈠**經濟法**　經濟法不惟無獨統一之法典，即其意義，其範圍亦未確定，但總不外乎國家經濟、社會經濟及個人經濟有關法規之總稱也。我國有關經濟之法規不少，其重要者有：關於農業之土地法；關於工業之專利法；關於林業之森林法；關於礦業之礦業法；關於水利之水利法；關於漁業之漁業法；關於公平交易之公平交易法；及關於消費者保護之消費者保護法等，茲以篇幅所限其內容從略。

㈡**勞動法**　勞動法亦為新時代之產物，在資本主義未發達之時期，民法上之僱傭契約本已足用，但因資本主義發達結果，勞動者往往處於不利地位，自非一般僱傭契約所能保護，於是勞動法遂亦形成一獨立法域矣。其次勞動法亦無單獨統一之法典，僅係各種勞動法規之總稱而已。我國勞動法規，重要者有：勞動基準法、團體協約法、勞資爭議處理法、勞動事件法、工廠法及工會法等，其內容不外為規定勞動條件、工作時間、促成勞資協調及解決勞資糾紛等有關事項，茲限於篇幅，敘述從略。

第九、國際私法

國際私法雖冠以「國際」二字，然實非國際法，仍係國內法之一種間接法，前於法律之分類章（第四章）中已言之矣。惟究竟國際私法之意義若何？欲確切言之，實屬難能，蓋此種法律尚在演進時期，加以學者間觀察標準之不同，致其名稱亦未確定，例如，義大利學者巴塔路斯(Bartolus)名之曰法則區別，荷蘭學者羅登堡(Rodenburg)則名之曰法律衝突；法國學者費利克斯(Foclix)則名之曰私國際法；至於國際私法之名則為德國學者薛福納(Schnaeffner)所創，我國學者沿用之，此外尚有種種不同之名稱，因而影響其涵義之統一。茲就一般通說言之，則國際私法者，乃決定涉外私法關係應適用何國法律之法也。夫於中華民國有住所之中華民國國民，在中華民國境內發生私法關係，例如買賣契約，並有所爭訟時，當然適用中華民國法律為之裁判，毫無疑義，惟人類生活關係，因交通發達結果，已超越國界，而以世界為其領域矣，如此則私法關係之當事者難免涉及外國人（國籍），及雖為本國人亦難免在外國有住所（住所）；又法律要件之全部或一部亦難免在外國境內發生（行為地），諸如此類，因國籍，住所，行為地等要素而發生以法律連絡內外之涉外私法關係時，究應適用內國法抑外國法，則非僅憑民法或商事法所能直接處理，必須另闢一種特別法律，以資解決，斯即國際私法是也。

我國關於涉外私法關係原有法律適用條例（民國七年八月五日前北京政府公布，同日施行。十六年八月十二日國民政府令暫准援用），但因民國四十二年六月六日有涉外民事法律適用法之頒行而廢止。涉外民事法律適用法嗣經二次修正，最近一次在九十九年五月二十六日，計八章、六十三條。第一章為「通則」，規定法源、國籍之衝突，當事人之住所地法、一國數法、反致、規避法律、外國法適用之限制等項。第二章為「權利主體」，規定權利能力、行為能力之準據法、外國人之死亡宣告、監護、輔助宣告、外國法人之地位等項。第三章為「法律行為之方式及代理」。第四章為「債」。第五章為「物權」。第六章為「親屬」。第七章為「繼承」。第八章為「附則」。本法第八條有：「依本法適用外國法時，如其適用之結果有背於中華民國公共秩序或善良風俗者，不適用之」，乃外國法適用之限制之規定，而其第一條有：「涉外民事，本法未規定者，適用其他法律之規定；其他法律無規定者，依法理」，乃適用本法應注意及補充之規定也。

第十、國際法

㈠國際法之意義　國際法乃國內法之對稱，亦有稱為國際公法者，乃規律國際社會之法也。詳言之，凡國際團體之構成、權限及與其構成分子（國家）間之關係及各國家相互關係，甚至國際法上個人之權利義務關係，均在國際法所規律之範圍以內。不過國際法乃世界各國公認必須遵守之法律，並非由一權力高於國家之團體所制定，其強行力比較薄弱，因而國際法是否法律，學者間爭論不少，但如今國際法之為法律，實已確定矣。

㈡國際法之法源　國際法之法源，其主要者有二：

⑴條約：條約者國家間合意所綜結之契約也。條約有兩種，其一為「一般條約」，亦即所謂「立法條約」，其目的係專為制定國際法規而締結，其二為「個別條約」，乃國與國間為特定個別事項而締結，不含有一般之立法性，故成為國際法法源之條約，僅以前者為限。

⑵國際慣例：國際慣例者，即國際社會所慣行，而有法的拘束力之事例也。國際法之法源以國際慣例為最古，且最重要，故迄今國際法之大部分，仍為國際慣例所佔有。此外法律之一般原則，國際法庭之判例，及學者之學說亦可構成國際法之法源，但屬次要，茲從略述。

㈢**國際法內容概要**　國際法為概括名詞，無單獨統一之法典，其內容可分左列四部：

⑴平時法：適用於平時的國際關係，如國家在國際法之基本權利與義務，及兩國間締約、交通、遣使等有關之法則是。

⑵爭議法：適用於兩國間發生紛爭，而尚未達於戰爭時之關係，如外交交涉、斡旋、國際調停及國際裁判等有關之法則是。此外平時之報仇及斷絕外交關係，經濟絕交等事項亦屬解決爭議之一種方法，自亦應遵守一定條件，並非漫無限制也。

⑶戰時法：適用於交戰國在戰爭期間之關係，如致最後通牒、宣戰、外交人員之互撤、敵國僑民身體財產之處置、俘虜之待遇及陸海空戰應遵守事項有關之法則是。

⑷中立法：中立係別於交戰狀態而言，中立法本亦為戰時法之一部，但中立法有其特點，故應另列。中立法乃適用於交戰國與中立國及其人民關係，如交戰國應尊重中立國之領土，不得因軍事目的而使用，對於中立國之船隻及通商不得破壞或阻撓，而中立國亦應嚴守中立，不得供給軍隊、軍艦、軍需品於交戰國，亦不得借款與交戰國，交戰國軍隊如進入中立國，中立國應解除其武裝等有關之法則是。

第十一章　法律之進化及法系

第一節　法律之進化

人類社會進化之轍跡，乃由簡單而複雜；由零亂而統整；由低級而高級；由不合理而合理；以至由野蠻而文明，法律為社會之產物，其進化自亦不離乎此種軌道。惟所謂複雜也、統整也、高級也、合理也、文明也，既難一蹴可幾，又屬漫無止境，故法律之進化也，過去必有其發展之過程，以迄於今日；現在亦必有其進行之動向，以趨於將來，本節就此分為法律之發生、發展、及趨勢三者，述如左：

第一、法律之發生

法諺有「有社會，斯有法律」(Ubi societas, ibi jus.) 一語，可見法律係伴隨社會而發生，惟人類原始社會，並無所謂法律之特別規範存在，祇有一種規範社會之習慣，此種習慣包括宗教、道德及法律等而渾然為一體，當時之社會即為此種習慣所支配，故名之曰：「原始規範」，亦稱「第一次社會生活規範」。厥後人類生活進化，因之此種習慣亦漸次化分，於是乎法律之芽遂萌。考其發生之原因，不外乎「塔布」與「復讐」兩事，茲分述之。

㈠**塔布**　塔布(taboo)原為太平洋中坡里尼西群島之土語，學者間因無適當之意譯，遂沿用原音，其意義有一方為神聖或污穢，他方為避諱或禁忌之意，換言之，即禁忌接觸神聖或污穢事物之一種習俗是也。如以國王或酋長為「塔布」，不許接觸，不准直呼其名即其適例。既屬禁忌，則犯之者當遭天譴，初民知識未開，且「恐懼」為人類之本能，因而對於此種神秘無稽之禁忌，亦竟信之而無疑，守之而不敢犯，於是社會秩序藉此而得維持。此種現象為初民社會之普遍情形，所有民族皆一度歷此過程，而始進入有法律之社會。時至今日仍有半開化之民族保存此俗，甚且已開化之民族尚留有「塔布」之遺跡者，亦不在少，如戰前日本人對其天皇即不准接觸，不准瞻視，及我國人至今尚不願直呼對方之名，而僅稱之曰某先生，某公，皆其適例。此種習俗在當時既具有規範社會之功用，即發生法律之效能，學者因稱此時代為「神秘法時代」。

㈡**復讐**　復仇者即被害人對於加害人所為之報復行動也。上述之「塔布」，係基於人類之恐懼心而生，此之復讐，則基於人類之洩恨心而生，復仇之方法，有所謂反坐制(Talion)者，亦稱同害制，例如「殺人償命」是。據舊約全書所載：「以命償命，以目償目，以牙償牙，以手償手，以足償足，以燒償燒，以傷償傷，以打償打」。(見出埃及記第二十一章)斯即典型之復讐，亦可見古猶太人社會上反坐制之盛行也。此種復讐初則個人對個人，繼則發展為團體對團體，所謂團體乃指被害者所屬血族之全體及加害者所屬血族之全體而言，亦即所謂血族復仇是也。復仇發展至此階段，則其維持社會秩序之功效始著，蓋因一人之被害，而血族全體均負有復仇之義務，因一人之加害而血族全體均感有報復之危險，則害己還須害人，何堪其累；害人有如害己，苦果難嘗，如此則除萬不得已外，尚敢有濫行侵害他人者耶？因之人與人之間，團體與團體之間，憚於復仇，而無形中即和平相處，社會秩序乃賴以維持矣。

復仇既演為大規模行事，則一方雖具有維持社會秩序之作用如上述，然一方亦正含有破壞社會秩序之危機，倘不加以限制，則恣意為之，其害孰甚，因而當時人類有鑒及此，乃對於復仇設有種種限制如下：

(1)期間之限制：復仇須於一定期間為之，否則喪失其權利。

(2)手段之限制：復仇之手段限於反坐，亦即同害，不得任意擴張也。

(3)範圍之限制：除被害者及其近親外，旁人不得代為之。

(4)次數之限制：復仇以一為限，縱未達目的，亦不得再為。

(5)程序之限制：復仇須先經公共團體之許可，否則不得為之。

復仇既有上述之限制，則違反之者，即受社會長老之裁判，並加以制裁，是即為公權力之濫觴。又希伯來法系有所謂避難市（City of refuge，日人譯為逃遁邑）之設置，凡非故意殺人者可逃入市內，以求保護，而免復仇。惟其是否故意殺人，即是否應受保護，則須由避難市之長老審判之，倘認為無受保護之資格，則逐出市外，交付於復仇者，聽其處分。此種制度一方固在限制復仇，他方亦為「刑事裁判」之發端。

其次由於復仇一事更演出兩種制度，即「賠償制度」與「扣押制度」是也。其內容如下：

(1)賠償制度：賠償為緩和復仇之方法，即以物質代替實力之復仇是也。蓋加害者為免受復仇之痛苦起見，常願予被害者以物質上之補償，以贖己罪，以慰人心，而對方亦樂於接受，以息事寧人。同時因貨幣制度之發達，此賠償制度亦愈推廣。蓋賠償若以「贖罪金」方式出之，則異常便利也。惟此種制度當其創始時，賠償與復仇二者尚聽任被害人之自由選擇，其後公權力強大，對於賠償施以強制，即賠償數額，亦加以干預，甚且依照侵害之種類、程度以及被害人之身分階級，而訂其數額於法規者亦有之，如漢摩拉比法典即規定賠償金額甚詳是。此種制度後因君權發達結果，加害人不僅須向被害人為賠償，同時更須向君主繳納「和平贖罪金」，因其侵害之行為，兼具破壞社會和平之罪惡故也。以此學者認為前者為民事上損害賠償之起源，後者為刑事上罰金之起源。

(2)扣押制度：扣押制度為上述賠償方法之一種，此種制度側重於民事方面，亦即財產上之復仇是也。其演進可分三期：第一期，被害者得扣押對方之財物妻子，而直接領有，以充賠償。第二期，則以扣押物為擔保以促對方為賠償或履行義務，倘對方仍不履行時，始沒收其財物。第三期，扣押物之所有者得訴諸團體之長老，請其為扣押當否之裁判，並返還扣押物。此期開民事訴訟之端緒，而此一扣押制度亦遂為後世強制執行法之嚆矢。吾人由此更可看出法律之發達，程序法實先於實體法也。

第二、法律之發展

法律肇始於「塔布」及「復仇」兩事，已如前述，但其後究經如何之歷程，始達於各種法律制度燦然大備之今日？茲就其發展之順序，分期述之。

㈠古代　文化發達最古之國，其法律自亦發達最早，如我國、印度、巴比倫、埃及及希臘等，遠在古代即均有法律之產生。其始則通行習慣法，後乃漸有成文法制定，例如古代巴比倫之漢摩拉比法典(*Code of Hammurabi*)，印度之摩那法典(*Code of Manu*)等，均出現甚早，不過此時代之法律雖已與原始社會規範脫離，但其分化仍不完全，故上述之法典中，仍雜有不少宗教道德等規範之成分，直至此時代之末期，法律始進入挺然獨立之途。

㈡中世　此時代因國家之組織及其權力日形強化，遂促成法律由原始社會生活規範完全脫離而挺然獨立，不過國家仍未確立中央集權制度，故國家以外之自由市或教會等均於相當之範圍內，有其立法權與司法權，惟此時之社會制度，乃以「基於身分之封建的土地領有制度」與「商工業之獨占的基爾特制度」而構成，故此時代之法律亦以身分的差別與固定的制度為其根基，以此法律雖不無確實性，然究缺乏彈力性，故學者稱之為嚴格法時代。

㈢近世　嚴格法時代法律對個人束縛過甚，有礙個人之發展，於是激成反響，而有自然法思想之勃興，高唱個人自由，平等及天賦人權等口號，予近世各國憲法及其他立法以甚大之影響。同時各國中央集權制度既已確立，則成文法亦紛紛制定，並依國家權力而強制施行，於是近代之各種法律體系，遂告完成。惟此時代中個人主義達於高潮，在政治方面則表現為「最好的政府，最小的管理」，在經濟方面則表現為「自由競爭，資本主義」，在法律方面遂演成刑法上之「罪刑法定主義」，及私法上之「所有權絕對」，「契約自由」，及「過失責任」三大原則。最能代表此時代精神之法典為一八〇四年之法國拿破崙法典，至一八九六年之德國民法典則為此時代（個人主義法律思想）之結束，及邁入另一新時代（社會本位法律思想）之契機矣。

第三、法律之趨勢

個人主義法律思想既已登峰造極，則勢不能不峰迴路轉，蓋過度尊重自由平等原則，雖已促進資本主義之發達，於人類社會進步不無貢獻，但影響所及，流弊叢生，以「所有權絕對原則」言之，竟釀成權利之濫用，以至於有產無產階級之對立；以「契約自由原則」言之，則強者竟利用之以欺凌弱者；以「過失責任原則」言之，則大企業經營上所造成之災害，受之者每無從求得賠償，不平孰甚。基此種種情形，可見個人主義思想之立法，到此不惟再不能促進社會發達，反不免為社會進步之障礙，於是自二十世紀以來，社會本位之法律思想興，而法律亦顯現出左列之趨勢矣。

㈠公法之趨勢　二十世紀以來，最好的政府已不是「最少管理」的政府，而是「最大管理」的政府，亦即　國父所謂「萬能政府」是也，因此公法之趨勢，其方針遂指向下列：

⑴由主權觀念的公法趨向公務觀念的公法：時至今日，人民所需求於政府者，不僅在使之消極的不做某事，而是更要求其積極的做某事，換言之，今日之國家並非站在主權者之立場，而僅以發號施令或垂拱而治為其能事，乃必須站在人民公僕之立場，而以替人民服務為其職分，例如一切保育行政，均係基於此種觀念而生，故主權觀念之公法今已趨向於公務觀念之公法矣。

⑵由應報觀念的刑法趨向教化觀念的刑法：法律思想既已進入社會本位，則刑法之觀念亦為之一變，在昔認為刑罰係對於犯人之一種應報者，今則變為刑罰係教化犯人之工具，其目的在期犯人痛改前非，

重為社會之健全分子，以盡其社會連帶責任，俾共謀社會之發展。故今日刑事政策莫不趨向教化主義矣。

㈡**私法之趨勢**　法律社會化之趨勢，反映於私法上者有：

⑴由權利觀念的私法趨向職分觀念的私法：個人主義的法律制度，以權利為中心，其結果個人往往濫用權利，或怠於行使其權利，致社會公益受其影響，故今日之法律為矯此流弊，既一面限制權利之濫用，復一面以「職分」觀念，代替「權利」觀念，認為人為社會之一分子，各有其應盡之職分，倘不先盡其職分，則無享權利之餘地，法律之主要任務不在保護各人之權利，乃在使盡其應盡之職分，賦予各人之權利，不過為促其盡職分之一種條件而已。故今日權利觀念雖未被否認，但亦非復法律之中心矣。

⑵由自由原則趨向限制原則：個人主義法律思想下私法之三大原則，既流弊叢生，前已言之，故今日所有權絕對原則遂不能不變為所有權限制原則；而契約自由原則及過失責任原則，亦均不能不變為契約限制原則及無過失責任原則矣（參照本書第十章第二節第六之㈡）。

第二節　法系概略

全人類社會上法律進化之一般情形，已見前節，惟世間，國既非一，民族亦夥，則各國或民族間之法律有其共通點，亦有其相異點，本節擬就後者加以簡略之說明，以資比較。世界之法系依學者之主張，分有十六種之多，惟其中因國亡種滅，已失其存在者有之；政異風殊與我國無關係者有之，一一論列，實無必要，茲僅就亞細亞法系中之中華法系、日本法系及歐美法系中之大陸法系、英美法系四者，分述之。蓋我國法系發達甚早，具有獨特之精神，且能影響於東亞各國，其重要性不問可知，此所以必先敘述者也。日本為我近鄰，其法律遠自千餘年前即繼受我國之唐律，故欲明我法系對外之影響如何，則日本法系之內容不可不知也。我自民國創建以來，為適應世界之潮流，多繼受外國法，而所繼受者又以大陸法系為主，故大陸法系與我現行法律之關係甚切，勢須加以論列；至於英美法系乃與大陸法系相對峙之法系，為今世法系之重要者，且第二次戰後原屬大陸法系諸國，多有改採英美法系之傾向，我國亦然，故對於英美法系之內容，亦極宜說明也。

第一、中華法系

我國為世界文明古國，文化制度，燦爛輝煌，法律一項不獨自身優異，更傳播遐邇，為東亞諸邦之模範，茲就我國法律發達之情形，分三期敘述如左：

㈠**第一期**　本期自三皇至秦，為我國法系之發生及生長期。我國法律萌芽於太皋伏羲氏，試觀易繫辭下傳第二章載有：「古者包犧氏之王天下也，仰則觀象於天，俯則觀法於地，觀鳥獸之文，與地之宜，近取諸身，遠取諸物，於是始作八卦，以通神明之德，以類萬物之情」。是乃伏義氏體會天地自然法則，以應用於人類社會之始。同章又載：「包犧氏沒，神農氏作……日中為市，致天下之民，聚天下之貨，交易而退，各得其所」。是乃商事法規之濫觴。其後社會日益進步，法律亦日益成長，唐虞時代已大有可觀，例如尚書舜典載：「象以典刑，流宥五刑，鞭作官刑，扑作教刑，金作贖刑，眚炎肆赦，怙終賊刑。欽哉欽哉！惟刑之恤哉」。實無異為一部成文的刑法法典，且遠在斯時（距今約四三〇〇年前，即公元前二三〇〇年頃），我國人即有如是之法律思想，洵足自豪。迨至周朝，我國典章文物，益形大備，周禮一書包括各種法制，雖學者間多疑此書為後人偽撰，但周朝政制之發達，則無人異議。至戰國末年李悝之法經出，我國遂正式進入成文法時代。李悝法經計六篇為盜法、賊法、囚法、捕法、雜法及具法是也。後商鞅改「法」為「律」，並以之相秦，成效大著。

㈡第二期　本期自漢初至清末，為我國法系發達至頂點並趨於衰微之期。漢高入關，約法三章，其後丞相蕭何乃本李悝法經六篇，而益以興、廐、戶三律；合訂為九篇，號為九章律，漢後歷魏晉南北朝以迄於隋，雖代有新律制定，要不過為漢律之增損而已。惟唐律出，則大放異彩矣。唐律之編製，始自高祖，高祖克隋，命裴寂等根據隋之開皇律撰定律令，是為武德律；太宗即位命長孫無忌、房玄齡等加以釐改，是為貞觀律；高宗永徽二年，長孫無忌、李勣等奏上新撰律十二卷，是為永徽律，其後長孫無忌、李勣、褚遂良等奉命撰律疏計分名例、衛禁、職制、戶婚、廐庫、擅興、賊盜、鬥訟、詐偽、雜律、捕亡、斷獄等十二篇，共三十卷，於永徽四年十月，頒行天下，是為我國法律之黃金時代，唐律疏議一書，於今猶有研究之價值，而唐律且曾為日本所繼受（見後述），影響於該國法律制度者不少。自此以後，迄於清末，千餘年間，各朝法律皆因襲唐律，雖明律略有更張，然多弄巧成拙，遜唐律遠甚，於是我國舊律遂由因襲而衰微矣。

㈢**第三期** 本期自民國肇建，以迄於今，為我國法律之革新時期。緣清末因受領事裁判權之恥辱，極謀改善法律，但未見成效，清社已屋，民國成立後，先有臨時約法之頒布，其他民、商、刑法亦陸續制定，至民國十七年國民政府奠都南京，尤注重立法事業，遂有現行之民法、刑法、民訴法、刑訴法，及商事法等之頒行，採大陸法系之立法例，並參入三民主義的立法精神，適應世界潮流，合乎人民需要，抗日勝利後，頒行憲法，完成近代法治國家應具備之規模，以後定當長足進展也。

以上係我國法系自古迄今演進之情形，其次再就其特色，略舉數則如左：

⑴我國固有法律，以刑法為最發達，民事法則甚少見，蓋我國向重「禮」教，以禮為規範社會之工具（參照本書第二章第三節），民事法因之不彰。

⑵我國固有法律，以家族為本位，非若西洋法律以個人為本位。為維持家族和平起見，故重孝而懲姦，如唐律以不孝列入十惡，而明律則列姦罪為一門是。

⑶我國固有法律，無縝密之訴訟法，蓋國人向不若西洋人之重視手續，如擊鼓可以鳴冤，口頭可以告狀，則訴訟法自無發展之餘地。

此外我國固有法律，富有民本主義及社會主義之色彩，並多具抑強扶弱之精神，甚少宗教之意味，皆其優點也，限於篇幅，茲不再述。

第二、日本法系

日本文化以由外傳來者為多，法律尤不例外，玆將日本法律演進之情形，分期敘述如左：

㈠**第一期**　本期自奈良朝之推古天皇時代起至平安朝之末期止，為中國法之繼受時代。最初推古天皇十二年聖德太子制成憲法十七條，至文武天皇大寶二年繼受我國唐律制為大寶律令，後又有養老律令等，無不受我國法律之影響，所謂「衣冠唐制度」，洵不誣也。

㈡**第二期**　本期自鎌倉幕府建立以後，迄於德川幕府之滅亡，為武家法時代。當時實際支配日本政治者為幕府，幕府為武人，因而適於武家所必要之成文法及習慣法遂應運而生，例如鎌倉幕府曾制定貞永式目，德川幕府曾制定御定書百箇條，均屬武家之重要立法也。

㈢**第三期**　本期自明治維新，以迄於現在，為歐美法繼受時代。日本當明治初年，其法律猶未脫離中國法系影響之範圍，例如其新律綱領，即以我之明律為基礎，並參照清律而制定者；但其後因欲撤廢歐美各國之領事裁判權，乃開始繼受歐美法律，最初模仿法國法，繼則模仿德國法，第二次大戰後，在聯合國軍統帥指導下，首先制定新憲法，並次第修正或新訂其他法律，類皆模仿英美法，而對美國法參酌尤多，例如私的獨占禁止法，即完全參照美國反托拉斯之立法例而制定者，則日本今後法律趨勢之如何，概可想見矣。

第三、大陸法系

大陸法系者乃起源於歐洲大陸之法系，與英美法系為對待名詞（英美法系亦稱海洋法系），其特徵為以抽象的、概括的「成文法」為主要法源，而具體的、個別的「判例」，則居於補助的地位。大陸法系可細分為法蘭西法系（拉丁法系）與德意志法系兩種：法蘭西法系開近世各國編纂大法典之先河，當路易十四世時，即制定商事敕令及海事敕令，其後拿破崙一世時代，制定有名之拿破崙民法典（一八〇四年）及商法典（一八〇七年），此二大法典洋洋大觀，堪稱近世大法典之模範，影響於歐洲及中南美拉丁系各國者匪尠，法蘭西法系之特徵，第一在其所受羅馬法之影響特別顯著，第二在其關於法律進化之解釋特別發達，蓋其對於一八〇四年之拿破崙民法典及一八〇七年之拿破崙商法典為尊重其傳統計，仍做為現行法而適用，同時另以成文法及判例，補釋其不足，俾能適應社會之需要。現採用法蘭西法系立法例者，除法國本身外，凡拉丁系諸國，如義大利、比利時、西班牙、葡萄牙及南美各國均屬之。其次德意志法系，當近世之初，德國即繼受羅馬法與日耳曼法結合為一種習慣法，做為德國普通法而適用，其後中央集權確立，於一七九四年制定普魯士普通國法，十九世紀因政治經濟日趨統一，乃於一八四七年制定德國票據條例，更於一八六一年制定德國商法。迨一八七一年德意志帝國成立遂將上述之二法典做為帝國法。其後一八九六年制定德國民法典，翌年制定商法典，均於一九〇〇年施行，德意志法系於焉形成，而與法蘭西法系相對峙。德意志法系之特徵，一方面固亦受有羅馬法之影響，然另一方面卻保有日耳曼法之傳統，同時理論澈底之點甚多，故能表現其優秀性。採用德意志法系之立法例者，除德國本身外，他如奧大利、瑞士、荷蘭、瑞典、丹麥及挪威諸國均屬之。我國及日本法律，主要的均繼受此法系之立法例，不過二次戰後日本已傾向英美法系矣。

第四、英美法系

英美法系者，起源於英國及美國之法系也，與大陸法系相對稱。其特徵以積集判例而成立之判例法為主要法源，成文法不過為其補助而已，此點恰與大陸法系相反，因其受羅馬法影響極少故也。英美法系又再細分為英法系與美法系兩種。英法系即係以判例法為中心之法系，蓋英國於諾曼征服(Norman Conquest of England, 1066) 後，逐漸將盎格魯撒克遜民族之習慣，一一透過裁判方式而統一，遂形成一種普通法(Common law)此法全由判例累積而成，佔英法系之主要部分。其後普通法日益發達，而其缺陷亦隨之顯現，因有所謂衡平法(Equity) 者，於十五世紀之初，應運而生，以為普通法缺陷之補救。此法亦係判例法之一種，與普通法共同構成英法系之中心。此外英國議會所制定之成文法，教會所制定之教會法(Canon law) 及原通行大陸各地商業都市之商習慣法(law merchant) 亦皆為英法系之成分，惟所佔分量極少耳。美法系原係繼受英法而來，本與英法無異，但累經相當年月，則美國人基其特有之法律思想及其特有之社會的，經濟的情事，勢不免產生美國獨具之立法及判例，因此形成與英法系對峙之局。英美兩法主要的不同處，在乎英法特別保守，尊重傳統，而毫不敢改絃更張；而美法則不為傳統所拘，銳意興革，作風大膽，如反托拉斯之各種立法，即其適例。此外研究美國法應注意者，即其聯邦法以外，尚有各州法律，亦甚重要，因各州原則上均分別擁有立法權，致各州間之法律差別甚大，吾人當考察美法系之際，對其各州法律不能不採為重要資料者以此也。

第十二章　法律思想簡史

第一節　中國法律思想

中國社會雖一向重「禮」而不重「法」，但禮、法二者並非絕對對立之名詞。蓋法有廣義狹義之分，廣義之法，凡人類之一切行為規範皆屬之，如此則所謂「禮」也者，自亦包括於法之中；狹義之法，僅指社會大眾意識上所認為不可不遵守之一部分行為規範而言，如此則所謂「法」也者，原亦可為「禮」之一種，耶律納克(Jellinek)有言：「法律為最小限度之道德」，良有以也。先秦時代儒家重禮治，法家則重法治，致禮法二事壁壘森嚴，一似冰炭之不能相容者，其實兩家所爭，並非禮與法之本質問題，乃係如何能治之「治」之問題，亦即方法問題。換言之，儒家言禮，但不否認法之效力；法家言法，但亦承認禮之功能。前者例如孔子曰：「聖人之治化也，必刑政相參焉。太上以德教民，而以禮齊之，其次以政導民以刑禁之。」（孔子家語），後者例如管子曰：「守國之度在飾四維……四維不張，國乃滅亡……何謂四維？一曰禮，二曰義，三曰廉，四曰恥。」（牧民），可見儒法兩家於禮法，並非絕對水火不容，不過各有偏重，因而於某種問題上遂顯出針鋒相對而已。茲將兩家關於法律之思想分述如下。

第一、儒家法律思想

㈠孔子　孔子為儒家之祖，為我國之大聖人，其生平家世，盡人皆知，無待贅述，惟孔子對於政治之見解，則主張德治禮治，提倡倫常，所謂父子有親，君臣有義，夫婦有別，長幼有序，朋友有信是也。主張德治禮治，則對於法治未免鄙薄，論語載：「道之以政，齊之以刑，民免而無耻；道之以德，齊之以禮，有耻且格。」（為政），可見孔子對於德治禮治，與法治估價之不同。又德治禮治引申之則為人治，亦即所謂明君之治。孔子曰：「為政以德，譬如北辰，居其所，而眾星共之。」蓋謂為人君者必須以德治國，以德治國則民慕其德而向善矣。不過所謂以德治國者，並非如老子所謂「無為之治」，而係謂為人君者須積極的以身示範，躬先倡導，故曰：「政者正也；子帥以正，孰敢不正。」（顏淵）。又曰：「苟正其身矣，於從政乎何有，不能正其身，如正人何?」「上好禮，則民莫敢不敬；上好義，則民莫敢不服；上好信，則民莫敢不用情。」（子路）。凡此皆「人治」之主張也。惟孔子雖主張人治，而鄙視法治，但並不排斥法治，不然何以又曰：「名不正則言不順；言不順則事不成；事不成則禮樂不興；禮樂不興，則刑罰不中；刑罰不中，則民無所措手足。」（子路），足徵孔子之主張實不過先禮後刑，或以德為主，以刑為輔，甚至於刑措而不用而已，此觀於孔子曰：「聽訟吾猶人也，必也使無訟乎」（顏淵）一語而益明矣。

㈡孟子　孟子為子思之門人，紹儒家之正統，韓愈原道有：「堯以是傳之舜；舜以是傳之禹；禹以是傳之湯；湯以是傳之文武周公；文武周公傳之孔子；孔子傳之孟軻，軻之死不得其傳焉」一段，可見孟子在儒家道統中，地位之重要。孟子以性善論為其中心思想，認為人性本然是「善」，因而主張德治尤力，其言曰：「人皆有不忍人之心，先王有不忍人之心，斯有不忍人之政矣；以不忍人之心，行不忍人之政，治天下可運之掌上」（公孫丑上）。又曰：「三代之得天下也以仁，其失天下也以不仁，國之所以廢興存亡者亦然。」（離婁上）。凡此皆足以說明孟子對於德治之如何重視。其次孟子又有：「徒善不足以為政，徒法不能以自行。」（離婁上）之說，此說吾人推論之可得二義，其一、即孟子不惟主張德治，更主張人治；其二、孟子雖主張人治，但並不擯棄法治。換言之，此二句之原意，固在強調人治之重要，然同時亦可附帶說明「善」與「法」乃「人」治之必要手段，倘無「善」無「法」，則徒「人」又豈能獨行哉。

㈢**荀子**　荀子又名孫卿，亦為儒家之重要人物，太史公作傳，對於孟荀相提並論，其地位如何，於此可見。荀子以性惡論為其一貫之主張，此點恰與孟子極端相反。荀子對於「禮」之觀念，可於其禮論篇見之，該篇開端即曰：「禮起於何也？曰：人生而有欲，欲而不能，則不能無求，求而無度量分界，則不能不爭，爭則亂，亂則窮，先王惡其亂也，故制禮義以分之，以養人之欲，給人之求，使欲必不窮乎物，物必不屈於欲，兩者相持而長，是禮之所以起也」。又於王霸篇亦有：「國無禮則不正，禮之所以正國也，譬之猶衡之於輕重也，猶繩墨之於曲直也，猶規矩之於方圓也，正錯之而人莫之能誣也」。此兩段文字對於「禮」之緣起及「禮」之功用，均已闡明無遺，惟其立論根據，仍不離乎性惡。不過荀子雖一面力主人性本惡，但另一面卻極端主張人治，其言曰：「有亂君，無亂國，有治人，無治法。羿之法非亡也，而羿不世中；禹之法猶存，而夏不世王。故法不能獨立，類不能自行，得其人則存，失其人則亡。法者治之端也，君子者法之原也，故有君子則法雖省，足以徧矣；無君子則法雖具，失先後之施，不能應事之變，足以亂矣。不知法之義，而正法之數者，雖博臨事必亂，故明主急得其人，而闇王急得其勢。急得其人，身佚而國治，功大而名美，上可以王，下可以霸；不急得其人，而急得其勢，則身勞而國亂，功廢而名辱，社稷必危。故君人者勞於索之，而休於使之，書曰：『惟文王敬忌，一人以擇』此之謂也。」（君道篇），由此可見荀子對於人治則極端提倡，而對於法治則不免低估矣。

第二、法家法律思想

㈠管子　管子名仲，字夷吾，相齊桓公，九合諸侯，一匡天下，於政治上事功彪炳，孔子稱之。但管子不僅為大政治家，同時亦為一大法學家，其於法律上之見解，確有獨到之處，玆舉數則如下：

⑴主張法治愈於人治：管子法法篇有：「規矩者，方圜之正也，雖有巧目利手，不如拙規矩之正方圜也。故巧者能生規矩，不能廢規矩而正方圜，雖聖人能生法，不能廢法而治國。」又明法有：「是故先王之治國也，不淫意於法之外，不為惠於法之內也，動無非法者，所以禁過而外私也，威不兩錯，政不二門，以法治國，則舉錯而已。是故有法度之制者，不可巧以詐偽，有權衡之稱者，不可欺以輕重，有尋丈之數者，不可差以長短……是故先王之治國也使法擇人，不自舉也，使法量功，不自度也。」由此可見管子對於法治，異常重視。

(2)主張法律應有平等性及普遍性：管子任法篇有：「有生法，有守法，有法於法。夫生法者君也；守法者臣也；法於法者民也。君臣上下貴賤皆從法，此謂之大治」，此點與儒家所謂刑不上大夫，禮不下庶人之意見不同，蓋亦法家之卓見歟？

(3)主張法律應有確實性及強制性：管子重令篇有：「故明君察於治民之本，本莫要於令。故曰虧令者死，益令者死，不行令者死，留令者死，不從令者死。五者死而無赦，惟令是視」。此種主張視之似較過激，但法令貴在確實而有效。否則何取乎有此具文，管子之言，信不誣也。

(4)主張法律應包含道德精神：管子主張禮義廉恥為國之四維，前已言之。其任法篇又有：「所謂仁義禮樂者，皆出於法，此先聖之所以一民者也」。由此可見管子主張制法者應將仁義禮樂之精神，融合於法律之中，使之兼包並蓄，以便於一民，然後始克收法律之功效。此點與其他法家之排斥仁義禮樂而專重嚴刑峻法以威民者不同，亦管子之高明處也。

㈡商子　商子即商鞅，亦稱衛鞅或公孫鞅，曾相秦孝公，變法而霸，徙木以立信，刑太子師傅以立威，更作車裂之刑，論囚而渭水赤，其用刑可謂極端峻刻矣。商子為法家之重要人物，其論法之功效有曰：「國之所以治者三，一曰法，二曰信，三曰權。法者君臣之所共操也。……君臣釋法任私必亂，故立法明分，而不以私害法則治。」（修權篇），又曰：「法令者，民之命也。為治之本也，所以備民也。為治而去法令，猶欲無飢而去食也；欲無寒而去衣也；欲東西行也，其不幾亦明矣。」（定分篇）。商鞅既如此重視法律之功效，自無怪其力主嚴刑，其開塞篇有：「治國刑多而賞少，故王者刑九而賞一」，同篇又有：「立君之道，莫廣於勝法，勝法之務，莫急於去姦；去姦之本，莫深於嚴刑。」其刻薄寡恩，於此可見。惟商子有「藉刑以去刑」（開塞篇）一語，雖不如儒家所稱之「刑期于無刑」（書經）之忠厚，然亦饒有至理，與今日刑法理論上之目的主義，不謀而合矣。

㈢**韓非子**　韓非者韓之諸公子也，生於戰國之末，師事荀卿，襲其性惡之論，因喜刑名法術之學，有韓非子五十五篇傳世，主張嚴刑峻法，以臨百姓，刻薄寡恩，較其他法家尤甚。茲列舉數點，以見其法律思想之如何。

⑴以成文法為其論究對象：韓非子所談之法，乃以成文法為限，因而有人謂韓非頗似近代分析法學派之奧斯丁(**Austin**)，祇認法律乃主權者對於被治者所下之命令，韓非之言曰：「法者，憲令著於官府，刑罰必於民心，賞存乎慎法，而罰加乎姦令者也」（定法篇），又曰：「法者編著之於圖籍，設之於官政，而布之於百姓者也」（難三篇）。讀此則對於韓非子之法律觀可以思過半矣。

⑵主張法治優於德治人治：韓非子顯學篇有：「聖人之治國，不能恃人之為吾善也，而用其不得為非也。恃人之為吾善也，境內不什數，用人不得為非，一國可齊為治者。用眾而舍寡，故不務德而務法」。又有：「釋法術而任心治，堯不能正一國；去規矩而妄意度，奚仲不能成一輪，廢尺寸而差長短，王爾不能半中，使中主守法術，拙匠執規矩尺寸，則萬不失矣。」之說，則其鄙視德治人治之態度一何激烈！

⑶主張嚴刑治國：韓非既主張法治，自亦主張嚴刑，其姦劫弒臣篇有：「夫嚴刑者，民之所畏也；重罰者，民之所惡也。故聖人陳其所畏以禁其衺，設其所惡以防其奸，是以國安而暴亂不起，吾以是明仁義愛惠之不足用，而嚴刑重罰之可以治國也。」其思想之偏激，一至於是，或亦法家之本色歟！

以上關於我國儒、法兩家之法律思想各舉出其代表人物三人，已足見其梗概，惟尚須附述者，即①

我國學術思想不止儒法兩家，而本節所敘止於兩家者，蓋關於法律思想，均不若儒與法對立之尖銳也。②儒法兩家之對立，不僅先秦時代為然，其後在歷史上亦不時顯現，乃本節所敘以先秦為限者，蓋自漢武帝表彰六經，罷黜百家之後，思想統於一尊，千餘年來，幾為儒家所獨步，法家雖非絕無而僅有，但其旗鼓已與儒家不相埒矣。

此外，外國人對我儒法兩家在法律上之影響及地位論評不一，茲各舉一則，以資參考：

⑴對儒家之論評：法國學者愛司加拉(Eascarra)因儒家重視五倫，五倫乃建築自然法之上，遂謂：「中國為自然法直觀之國」，蓋指受儒家之影響也。

⑵對法家之論評：日本學者田中耕太郎謂：「法家主張法治、物治，以與儒家之德治、人治相對峙，其社會學的、政治的、技術的法律觀，實與近世標榜『法係強者支配弱者之手段』之霍布士(Hobbes)之權力主義的國家觀，以及極端實證主義的法律觀相酷似，可見法家之思想已較儒家之純法哲學之觀點，而更進入法律科學之境地，遠在二千年前，吾東洋竟展開如是之法律實證主義理論，於世界之法律思想史上實值得大書而特書者也」。(以上見氏著之法律學概論第二七三頁)

第二節　西洋法律思想

中國法律因受儒家思想之影響，數千年來始終涵泳於道德之中，西洋則不然，西洋法律每因其法律思想之變易，致與道德二者，時而結納，時而離緣，時而平行，時而混線。吾人讀三國演義一書，其開端有：「話說天下大勢，分久必合，合久必分」數語，恰可借為法律與道德分合轍跡之妙喻。惟制度與思想本互為影響，有此思想，斯有此制度，有此制度，亦可表現此思想，從而吾人循此法律與道德分合之轍跡上，對於西洋法律思想變遷之情形，亦不難瞭如指掌。茲分期述之。

第一、古代法律思想

此時期法律與道德宗教尚未截然劃分，故法律思想自亦在萌芽時代。此時期可分為希臘與羅馬兩段敘述。

㈠**希臘時代**　希臘人富有創造性，於哲學及藝術上，均有相當之造詣。雖此時法律哲學尚未脫離一般哲學而獨立，但希臘學者之法律思想，亦可於其一般哲學思想中窺見一斑，茲列述如左：

(1)畢達哥拉斯：希臘哲學有客觀主義與主觀主義之分，客觀主義主張正當行為之客觀標準存在，主觀主義則主張客觀標準不存在，而正當行為乃由人之選擇而定。此兩主義在法理學言之，即理想法主義與人定法主義是也。畢達哥拉斯(Pytnagoras, 571–497 B. C.)即為客觀主義之代表，渠認為宇宙之本質存乎「數」，故事物之原理，即應向數之原理求之。所謂正義不外為「均分」與「均等」。均分與均等即為數之關係，因此正義基於自然(Physei)，而非基於人定(noman)。

(2)赫拉克里托：赫拉克里托(Herakleitos, 535–475 B. C.)為希臘哲學主觀主義之代表，以「萬物流轉」說而知名，此派即一般所稱之詭辯學派(Sophistes)，認為一切客觀真理不存在，正義乃隨人之意見而異。此派另一學者普洛太哥拉斯(Protogoras)主張「人為萬物之權衡」，可見此派屬人定法主義。

(3)蘇格拉底：蘇格拉底(Socrates, 470–399 B. C.)為西方聖人，反對詭辯學派之主觀主義，個人主義，認為正義一方對於人類行為乃屬高一層之秩序，而莊嚴存在，他方乃要求人類對此應自由的服從，由彼始發現自由與秩序二觀念之有機的結合。彼分法律為二類，即一為國家法，一為神所創造而可適用一切人之不成文法。因彼承認此種不成文法，故後世學者亦有目蘇氏為自然法之始祖者，但希爾德布蘭(Hildebrand)反對之。

(4)柏拉圖：柏拉圖(Plato, 427–347 B. C.)為蘇格拉底之弟子，其著述中有關法理學之資料，為國家論及法律論兩篇，前者敘述理想國，認為正義為高尚美德，但需於「國家」中求之，國家為一完全之有機體，所以人們應將個人生活及家族生活，浸沒於國家生活之中，換言之，彼不承認私有財產制度及家庭制度之存在。後者為較晚之作，與國家論之觀點已不相同，即不再否認私有財產制度及家庭制度之存在，不過仍應以國家為重心，受國家之監督而已。

(5)亞里斯多德：亞里斯多德(Aristotle, 384–322 B. C.)為柏拉圖之弟子，希臘之大哲學家，彼認為法律之內容不外為正義，所著倫理學第五卷有正義論，將正義分為三種：其一即平均的正義，亦即社會上個人相互間給付須均衡之正義是也。其二即法律的正義，或一般的正義，此種正義在使團體成員對於團體負其義務。其三即為分配的正義，此種正義在使團體就公的榮譽與公的財貨或其他利益，視各個人之能力及功績予以適當的分配。氏之正義論之建設為其不朽之事業，對於中世之煩瑣學派之自然法理論曾予以重大之影響。氏對於國家現行之法律，分為二種，即自然法及制定法是。自然法係以普遍而同一之人性為其基礎，保有同一力量，到處導人去惡就善；而制定法乃為國家或帝王製造，祇能於立法權之範圍內有其效力，此種理論影響於後世者，亦復不少。

以上係希臘哲學者法律思想之大概，迨希臘末期有克己學派亦稱司徒雅(Stoie)學派者興，認為正義於自然，而非人定，此種自然的正義，實係適用於法律生活之世界法則，亦即後世所謂自然法是，此一見解，對於羅馬之法律思想，影響至大。

(二)羅馬時代　希臘之法律思想，其重點集中於正義論，關於法律與宗教道德之區別，則不甚明瞭，蓋希臘人長於哲理及藝術，對於法律技術方面，則未予後世以多大之影響。羅馬人則反是，羅馬人關於理論思想方面雖不見長，但對於法律制度及技術則遠在他民族之上，不獨將法律從習俗中區劃而出，同時更開創後世「私法」之先河，優帝法典即為羅馬法之最大遺產，對於後世之法律有無上之貢獻，法學家耶林曰：「羅馬曾以法律統一後世。」其言不為過當。

羅馬法律思想家之代表為西塞羅(Cicero, 106–43 B. C.)，氏受希臘哲學之影響極深，尤其克己學派及亞里斯多德之哲學，氏對法理學之根本觀念，在承認客觀的道德秩序之存在，此種秩序即為最高的，不文的，普遍的自然法則，乃神授與人類，俾能禁惡就善者。由此可見西塞羅對於自然法之概念，啟發殊多，向為羅馬人鄙視之萬民法(ius gertium)，漸變為萬民所共通之優越性法律者，實受氏之影響所致。其後羅馬法學家烏爾比安(Ulpianus) 及葛由斯(Gaius)等亦均承襲氏之法律思想，故能促進羅馬法之發展。

第二、中古法律思想

此期為法律與道德由結合而漸分化，以致終告仳離之時期，亦為自然法學之衰落時期，此期關於法律思想之可述者為宗教法學派與註釋法學派兩者，茲分述之。

㈠宗教法學派　基督教興起以後，對於法律及國家之概念，引起極大之變動，即認為法律乃神之命令，國家乃神之設施，教會則超駕國家之上，人類除為善良之國民外，尚須有超凡之目的，因而其所受支配之法律秩序與國家秩序，應依基督教理想予以批判，並使明瞭依此種秩序得能生活之淵源，而賦與此種秩序以權威。西洋中古之法律思想即以基督教之根本思想為基礎，而繼承希臘羅馬之文化遺產，尤其亞里斯多德之哲學，遂創造出宗教哲學的法律體系，復依羅馬的法律技術，建立了寺院法（教會法）之系統。此宗教法學可分兩期，即「教父」時代，與「煩瑣哲學」（亦稱經院哲學）時代，其代表人物各如左：

⑴聖奧古斯丁：聖奧古斯丁(St. Augustine, 354–430)為教父時代之代表，此時乃由基督教會之教父確立教義及信仰規條時代。其間教父輩出，而以聖奧古斯丁之理論最為特色。因其有神國論之名著，認為塵世之人國與天上之神國，係兩相對立，前者為罪惡之世界，後者乃虔敬神祇之精神集團，人之一生即在此罪惡與神祇之兩個世界中，為不斷之鬥爭，結局後者勝利，而人遂均願受神之支配。此種理論之真義何在，法律思想家對之爭議不少，多數學者解釋其人國係指國家而言，神國係指教會而言，但亦有人認為斯二者乃指示人類生活，有理想與現實之二元的對立，不過為一種純粹的觀念者。總之，此點乃氏之思想之中心也。

⑵聖托麥斯：聖托麥斯(St. Thomas Aquinus, 1225–1274)為煩瑣哲學派之代表，在其名著「神學總覽」中，闡述法律本質論，發揮甚為詳盡。將法律分為四種，即永久法、自然法、人定法與神祇法是也。「永久法」為支配世界的神之理性，吾人須信仰而承受之；「自然法」乃人類可依其理性而認識之法；「人定法」為人類之發明，亦即所謂實證法是；至於「神祇法」乃上述三者以外之法，所以補充三者之不足，而為其最後之準繩者也。聖托麥斯之法律思想對於後世影響頗大，蓋其已為近世自然法之先驅，故迄今仍有所謂新聖托麥斯學派者出現焉。

㈡**註釋法學派**　西洋中古之另一法學派，即註釋法學派是也。蓋自十一世紀至十五世紀，羅馬法之傳習雖仍不乏其人，但祇限於法條之註釋而已，因稱此輩學者為註釋法學派。此派講學之中心在義大利之波羅尼亞(Bologna)大學，故亦稱波羅尼亞學派。其主要任務在對於優帝法典之註釋，至於法理學方面初無何等貢獻，從而自然法思想自無從滲入，亦即道德成分不含於法律之中，所謂嚴格法時期是也。惟自十三世紀阿糾司(Accuse)之註釋大全一書完成後，其研究態度始有轉變，即對於理論及原則方面，亦兼予注意，而使羅馬法與寺院法相互融化，此即所謂「後期註釋學派」是。因此派研究態度之轉變，乃促成十六世紀研究羅馬法之人文學派(Humanistes)之興起，更引起十七、十八世紀自然法思想之隆盛。至於十九世紀之分析法學派，實無異註釋法學派之再世也。

第三、近世法律思想

西洋自十六世紀文藝復興之後，各種學術思想無不有嶄新的發展，法律思想當然亦不能例外。自然法思想由昂頭而闊步，而登峰造極，致十七、八兩世紀，全屬自然法學派之天下，迨十九世紀歷史法學派及分析法學派出，乃代自然法學派而興，此乃西洋近世法律思想變遷之大概，同時其影響所及，致法律與道德演出再度重圓之喜劇，復演出再度拆夥之下場。茲將上述三學派之法律思想敘述之。

㈠自然法學派　此派主張普遍不易之理想法，存於現實法之上，而以之為模範，因此法學遂成為倫理學之一部，倘與倫理規範不合，即不能成為法律規範，故亦可謂為法律之道德化，或道德之法律化，此派之代表學者如左：

⑴哥老秀斯：哥老秀斯(Hugo Grotius, 1583–1645)，荷蘭人，自然法經氏之提倡，始得發皇，故有人稱氏為自然法學派之鼻祖。按其主張謂實證法之外，尚有因時間空間而變易之自然法存在，此種自然法即係基於人類之天性，而判斷其行為之正不正者，故亦稱為「性法」。因此哥老秀斯所主張之自然法與中

古時期之自然法理論大不相同，蓋中古時期之自然法係以神之理性為基礎，而氏則以人性為基礎也。此種將自然法從神學中予以解放，俾能脫卻宗教色彩，實嘉惠後昆不少，故氏之功績誠有足多者。

⑵康德：人性的自然法自哥老秀斯肇其端，後則此派法學者疊出，如霍布士(Hobbes, 1588–1679)、陸克(Locke, 1632–1704)、盧梭(Rousseau, 1712–1778)等，均於自然法之理論，有莫大之發揮，從而自然法亦極端發展，竟達到「花好月圓」之地步，迨康德出，自然法思想始有所轉變，而自然法亦瓜熟蒂落，轉趨衰微矣。康德(Kant, 1724–1804)，德國人，為十九世紀之大哲學家，著有法律學原理一書，其法律思想雖未脫離自然法之範疇，但已與前此之自然法原理不同，其重點即將法律與道德分了家，故法學者龐德(Pound)謂康德乃推翻十七、八世紀自然法基礎之主要人物，並認為十九世紀處於領導地位之歷史法學派，及分析法學派亦受其影響不少。然則自然法以哥老秀斯始，以康德終，於是法律又轉入嚴格法時期矣。

㈡歷史法學派　歷史法學派一稱沿革法學派，主張法律之現象，應推闡歷史上之事實而研究，亦即認為法律之進化，有其一定之軌跡，故法律祇能成長，而不能由人之理性創造，從而法律不能與道德混淆。此派由法學者謝林格(Scholling)及雨果(Hugo)開其端，至薩維尼而大成，經普夫達(Puchta)之呼應而愈開展。

薩維尼(Savigny, 1779–1861)為德國柏林大學之教授，一八一四年，德國朝野，對於應否制定一部民法法典之問題，引起熱烈爭辯，自然法學者提波(Thibaut, 1772–1840)力主有制定之必要，而薩維尼則倡反對論，因有「現代立法與法學任務」一書發表，主張民族係具有生命之自然存在物，而法律乃民族精神之表現，亦即法律乃由於民族的法律確信而生，法律與民族二者，富於有機的關聯，可任其自然成長，而不可人為的制定，故所謂法律之淵源，應以習慣法為主，而成文法則殊不足道。

歷史法學派之功績，在乎側重習慣法之優越性，而對於法律之發生的探討，殊多貢獻，同時對於自然法學派之過於信賴人類理性，而釀成之極端的個人主義思想，及契約說的國家觀均予以修正。惟其缺點則對於世界文化史上一大事實，即法律之繼受（如德意志之繼受羅馬法），無法說明；同時對於立法事業之有待於技術的指導，亦不能予以合理的解釋，因此從十九世紀後半葉，迄二十世紀，便日趨沒落。

㈢分析法學派　十九世紀另一有力之法學派為英國之分析法學派，此派導源於義大利之註釋法學派，始於邊沁(Bentham)，而成於奧斯丁(John Austin, 1790–1859)。奧斯丁有法律範圍論之名著，認為法律與道德應嚴加區別，主張「惡法亦法」，而法律學為現實法律之學，其任務在乎研究「法為何物」，而不問「法所應為」，從而其研究對象僅為現實法，即人定法是。此派即以分析法律而期於適用為職志，對於法理學自無何貢獻，惟其影響所及，法律與道德終於離緣，而造成十九世紀之嚴格法時代。

第四、現代法律思想

十九世紀法律與道德分家，但為時不久，至二十世紀之初，又復三度重圓。同時法律思想，亦百家爭鳴，其著者有：以實證法為重點，而著重經驗的研究之法學實證主義學派；依據達爾文進化論之生存競爭原理，說明法律現象，而以增進社會利益為法律目的之社會的功利學派；以新康德派哲學為基礎而說明法律概念與理念及法學性質之新康德學派；基於社會主義思想而以實現社會正義為法律政策之研究對象之法的社會主義學派；加入新的血輪而主張自然法更生之新自然法學派，及強調法社會學之重要性之社會學的法學派等等，不一而足，令人眼花撩亂，欲一一說明，限於篇幅，顯有未逮，僅檢其與現代及將來法學有重大影響者說明如下。

㈠自由法運動及利益法學　由十九世紀末，返二十世紀初，以德法兩國為中心而興隆，對於現代法學之動向，曾予以重大之影響者，厥惟自由法運動是已。所謂自由法運動，或自由法學派者，並非有其確立的積極的體系，乃係對於歷來法律思想之批判的、攻擊的諸學說之總稱。亦即對於十九世紀概念法學之批判及攻擊，而認為法律解釋應擴大其範圍之一種運動也。自由法運動於十九世紀末葉，興起於德國，當二十世紀初達於最高峰，第一次世界大戰後，乃為世所公認，雖甚少表面化，但於同種學說「利益法學」之名義下，一直活動至第二次大戰時。並於法國、日本亦均有人附和推行，對於現代之法律解釋學，發生影響不小。

自由法運動之先驅者為德國法學巨子耶林(Rudolf v. Jhering, 1818–1892)，彼於一八八四年著書稱當時之法學為「概念法學」。所謂概念法學乃係以法律之論理的自足性為前提，對於法律問題之解決，純以形式的三段論法，由成文法演繹而出，視裁判官不過為一種「可由上孔將事件注入，而由下孔將判決抽出」之一種自動機器而已。耶林對此極端反對，而認為法學不能與生活脫節，而法學目的之考察實特別重要。迨二十世紀法國學者葉尼(Gény)公表其名著法律解釋方法論，主張法律之解釋應於法規之外，以科學的自由探究而發見基於事物自然性質之法。「經由民法典而超民法典」之名言，即為彼所倡，我國有所謂「陶侃用法，恒得法外意」一語，亦此旨也。惟自由法運動，如達於極端，則難免害及法之安定性，因而遂有認為自由法學應加以某種程度限制之「利益法學」出現。

利益法學者乃矯正自由法運動對於法之安定性所貽之弊害，而富建設性之學派也。此派以海克(Heck)為代表，渠主張吾人應探究生活關係及生活評價，而發見規範，以減輕裁判官之任務，此種方法之標準，不外為利益權衡及價值判斷而已。雖自由法運動以及利益法學均無一完整之思想體系，而其指摘修正概念法學之誤謬，確立法律解釋之正當方法，及重視裁判官之正當地位，厥功實不可泯。

㈡社會學的法學派　社會學的法學派者，乃以社會學之方法研究法律之學派也。亦發達於十九世紀之末，經二十世紀之初，迄於現在仍在擴大發展之中。社會學的法學派可細分為數派，其主要者有以社會學的研究成果導入法律解釋學之一派，即所謂社會法學派是也。又有於法律解釋學以外，建立一獨立的法律社會學科之一派，即所謂法社會學派是也。前者係自由法運動或利益法學中之一部學說，姑略不贅述。後者對於現代法學影響之大，不亞於自由法運動，茲說明之。

法社會學派之代表為愛爾里(Eugen Ehrlich)，康托洛維茲(Kantorowicz)，及韋柏(Max Weber)等學者。愛爾里拋開一切形而上的方法論的考察，而直接對於社會組織或社會規範之實體，加以觀察與研究，雖尚不能展開有系統的學問體系，然其方法在研究「活的法律」，其業績實亦有足多者。蓋影響所及，由其祖國奧地利起，以至於美國、日本均有類似研究風氣發生，不過上述之缺點，仍未除去而已。至補足此種缺點，而究明法社會學之學問性質及體系者則有康托洛維茲。從來關於法社會學方法論之問題，論之者往往與法律解釋學之社會學的方法或自由法運動混為一談，但康氏卻擺脫此種混同，而對於純粹的法社會學方法論加以積極的建設。彼認為法律解釋學與法社會學雖同屬於構成普遍概念之組織化的文化科學，但法社會學係以法律之實在形態為研究對象；而法律解釋學則以法規之涵義為研究對象，故二者迥然不同。其次與康氏之學說近似者有韋柏，彼雖非法律學者，而係經濟學兼社會學者，但其社會學對於法社會學之影響頗大。依氏之見解認為社會學乃關於社會的行為之意義之說明與理解；並依此而究明其經過與作用之因果關係之科學，其對文化的諸現象之複合關係不加任何價值判斷，而唯依純客觀的態度予以說明，故可謂為具有新意義之綜合的社會學。韋柏之社會學，其性質既如此，則吾人對於法的事實之因果關係之考察，勢必與社會行為有關，從而亦必成為社會學之一部門，亦即為法社會學之研究對象。換言之，法社會學者，乃將法規及特定行為之經驗的因果關係的經過，加以結合而說明之科學也。韋柏努力從實質的方面說明法律現象之類型的發達與經濟現象之關聯，憑其豐富的經濟史之知識而研究法社會學之內容，對於法學之貢獻殊多，不過韋柏究非法學者前已言之，因而缺乏法律家之經驗與素養，此點對其研究法學，雖不無遺憾，但其究明法律與經濟之關係，實予現代法社會學以甚大之影響也。

㈢新康德派法學派　新康德派法學派以提倡法律哲學及法學方法論為主。對於現代法學之影響不少。此學派於十九世紀末，對於當時之經驗的實證的思想，擬以新康德派哲學為基礎，而從事法律哲學及法學方法論之建設，其代表人物為曼爾堡(Marburg)學派之史丹木拉(R. Stammler)及西南德意志學派之拉斯克(Emil Lask)。

史丹木拉之著述甚多，思想頗多費解，其重點，不外將康德之哲學方法移植於法律哲學及社會哲學之域內而已。依史氏之見解，認為社會哲學雖在究明做為一切社會科學考察前提之普遍妥當的各種概念及原則，但仍須對於社會意識內容加以批判的省察，由此省察之結果發現人類社會之概念具有二種決定要素，即：其一、乃人類互助之外部的規律；其二、乃為外部所規律之人類互助是也。前者屬於社會生活之形式，以法律為代表；後者屬於社會生活之實質，以經濟為內容。因此馬克斯等所倡之唯物史觀，僅以經濟為社會生活之中心，而未顧及法律為社會生活之形式，實屬一偏之見。史氏認為社會生活之理想，即為具有自由意志的各個人的共同體(Gemeinschaft frei wollender Menschen)，此亦為法律之理想，但係無何內容而純為形式。申言之，法律之理念當隨世代之推移與社會情況之差異而變化，其內容乃流動不居，祇求適合於形式的社會理想為已足，故史氏之理論即認為有「內容可變的自然法」存在，結果陷於形式主義。

新康德派法學派之另一代表者為拉斯克，拉氏以西南德意志派之哲學為基礎，而究明法學之性質，對於史丹木拉建立法價值論之體系言之，則拉氏實於法學方法論方面有其業績。拉斯克為一哲學者，而非法學家，但對於法學有深刻之理解，不惟對於狹義的法律哲學及其方法論，均有貢獻，即對於法學自體之方法論，亦建有不拔之根基。拉斯克之狹義法律哲學，乃研究關於法律價值之各種學說，探究法律之究極目的，僅在於完成倫理的人格歟？抑此外仍有其固有之價值歟？同時對於法律哲學之方法亦基於「價值」與「實在」之二元論的認識，以批評自然法學與歷史法學，而樹立法律哲學之正當方法論，其後之法律思想界受其影響甚大，尤以拉蒲路(Gustav Radbrueh)之法律價值體系論為然。拉蒲路者乃倡相對主義論之學者，認為法律價值之判斷不獨具有空洞之形式，在其內容方面亦應力求科學化，蓋思所以矯正新康德派法律思想之偏激也。

㈣新自然法學派　對於十九世紀末之各種法律思想認為不滿，而對於二十世紀之新康德派法律學說亦認為祇重形式而不能成為實證法之指標，遂有甚多法學者提倡新意義之自然法，此即標榜「自然法復興」之所謂新自然法學派是也。此派學者之代表人物有：以新煩瑣哲學立場之葉尼，及以實證主義的社會學的立場之狄驥。

葉尼(Gény)認為法應區別為「自然的」與「構成的」二者，在實證法之發見上「自然的」應予重視，「自然的」即係廣義的自然法，可依科學或信仰而把握之，惟此種自然法不過僅提供一般的漠然的規範而已，倘非依法的技術，予以加工而「構成」，則實證法仍不能發見。此種自然法之探究，固借助於信仰，但仍以認識與知性為主，亦即應以科學的方法，所謂科學的自由探究是；至「構成」之如何達到，則須以行為代替認識，以意思代替知性，此兩者之異點也。不過科學的分子與技術的分子如有衝突時，亦即「自然的」與「構成的」有衝突時應以何者為優先？除非「構成」有國家權力之介入（尤其成文法之存在）外，當以「自然的」為優先，換言之，科學的分子應優先於技術的分子。蓋「構成」僅為達成其更高一層目的之手段而已，如背反此目的，即與「自然的」衝突，自非所宜也。以上係葉尼法律思想之重點，對於現代法學之影響不少，尤其在私法學上對於過分重視成文法之偏見予以矯正，同時努力探究法律關係之實質的性質，而發見適合之法規，其業績堪予讚揚。

狄驥(Léon Duguit)以社會連帶學說而出名，所謂社會連帶原有二種，一種是「同求的連帶」，一種是「分工的連帶」。蓋吾人營共同生活，自有共同之需求，從而發生需要互助合作，需要有同一的生活方式之感覺，例如一般人冬不衣白，則我亦祇好用深色衣料，此種社會連帶的感覺，即為同求的連帶；另一面吾人又有不同的需求，因而發生需要分工之感覺，例如以粟易布，以魚易米，此種社會連帶的感覺，即為分工的連帶。由於同求的連帶而產生「分配的正義」；由於分工的連帶而產生「交換的正義」，而此兩種正義的感覺必然與社會連帶的感覺相關聯，且係同出於人之自然之性，而隨時隨地，有其存在。狄驥學說既由社會連帶出發，則不注重個人權利，而注重社會職分，現代法律所以由權利本位進入社會本位者，狄氏之功績，實有足多者焉。

◎票據法

鄭玉波／編

票據包含匯票、本票、支票，為日常生活中最常使用之有價證券。本書就各種法例與概念，採表格圖例說明之；自初版發行以來，由於文從字順、理路清晰、體系井然，一直膾炙人口，歷久而不衰，影響我國學界及實務界至為廣大深遠，乃名副其實的經典大作。為保本書常新實用，乃依最新法條重新修訂並予以編制排版；除儘量保存原著面貌，並力求格式統一，所引法規有修正者均加以改訂，原著偶有誤植者亦訂補之，全書印刷因之煥然一新。

國家圖書館出版品預行編目資料

法學緒論／鄭玉波著;黃宗樂,楊宏暉修訂.——修訂二十四版二刷.——臺北市：三民，2022
面；　公分

ISBN 978-957-14-7255-3（平裝）
1. 法學

580　　110012367

法學緒論

作　　者｜鄭玉波
修　　訂｜黃宗樂　楊宏暉

發 行 人｜劉振強
出 版 者｜三民書局股份有限公司
地　　址｜臺北市復興北路 386 號 (復北門市)
臺北市重慶南路一段 61 號 (重南門市)
電　　話｜(02)25006600
網　　址｜三民網路書店 https://www.sanmin.com.tw

出版日期｜初版一刷 1956 年 11 月
修訂二十四版一刷 2021 年 8 月
修訂二十四版二刷 2022 年 10 月
書籍編號｜S580010
I S B N｜978-957-14-7255-3

三民書局